노년을 위하여

노년을 위하여

이기호 시집

인간과문학사

• 시인의 말

시집 발간에 즈음하다

시인이란 또는 작가란 들녘의 아침햇살에 반짝이는 거미줄, 그 위 이슬이나 먹고 사는 사람인 줄 알았다.

막상 그 무겁고도 두려운 관을 쓰려니 겁이 난다. 어떻게 해야 하나 생각하는 중에 거북이가 떠올랐다.

거북이는 바다에서 멀리 떨어진 해변의 모래에 모래 둥지를 만들고 거기에 알을 낳는다. 약 2개월 후에 부화한 새끼들이 바다로 가는 데 도중에 적의 공격을 받으므로 살아서 바다로 돌아갈 확률은 아주 낮다고 한다. 그래도 살아남은 어린 거북은 출렁이는 바다로 들어간다. 한 번도 본 적 없고 경험한 적 없는 바다를 향해 본능으로 기어가는 것이다.

나도 어린 거북처럼 출렁이는 시인들의 바다를 향해

출렁이는 본능으로 들어가면 되지 않을까 그렇게 생각해 보는 밤이다.

내 시의 모천母川인 시인 이옥희 선생님과 성낙희 교수님을 잊지 않을 것이다.

내게 물심양면 외조를 아끼지 않는 남편, 아이들과 ≪인간과문학≫의 유한근 교수님, 이노나 님께 깊이 감사드린다.

2015년 1월 이기호

가을산 어스름

이 기 호

개쑥부쟁이 우북록한 꽃데미
올서리早霜 내린 듯 골짜기마다 하얗고
가으내 봄내 키를 키운 잔솔푸데기
갓 솟은 햇귀 아래 섶이슬 말리며
민흘림기둥의 한옥 한 채 짓고 있다
어느새 오갈 들어 말라 떨어진 솔잎으로
소나무는 둥치마다 봉긋하게 살이 오르고
시간의 물레 돌리다 제 먼저 눈시울
붉어진 단풍 꽃상여에 앉아 돌서더릿길을
흔들리며 내려간다 우련히 붉은 꽃신
한 켤레 단풍에게 건네고 저녁햇살 비스듬한
사휘斜暉의 등성이에서 돌아서는 마중
사람인 나는 人家로 저물고
山은 山으로 저물어간다
먼데서 별이 등불을 켜 둔다

차례

제3부 노년을 위하여

제4부 내 사색의 창

제1부

내 유년의 뜨락

광천 독배*, 옹암甕岩 포구에서

"광천 독배 시집 못 간 이내 팔자"
라며 가슴 치던 광천 독배
이제는 참게 한 마리 화석이 된 포구에 어둑발 내린다

지붕 서까래가 사선斜線으로 떨어지고
대숲에 푸른 불길 일어 몸을 숨기던 방공호
뒤울안 창꼬붓**같이 구붓한 토굴에선
백제 부흥을 꿈꾸던 복신굴의 흑치상지와 복신 그리운 오서산 달빛이
천장에서 떨어지는 물방울 받으며 새우젓이나 곰곰삭히고 있다

싱싱한 새우 떼 물살 짓던 고향바다는
개간에 사라진 포구와 떠나간 사람들로 몽둥발이가 된 고향은
낮물잡이, 밤물잡이, 새열둑… 시간 따라
오젓, 육젓, 추젓… 계절 따라 담는 새우젓 드럼통 앞에
만선의 기쁨 대신 새우 배 마디에 옛 생각 새기며

비릿한 고향 지켜가고 있다

그리움은 신기루의 손짓에도 쉽게 이끌린다
포구를 찾아왔던 사람들은 없는 갈매기의 꿈을 접고
적막한 손마다 새우젓 통을 들고
막새바람에 흔들리며 오서산 억새 능선 한 자락씩 품고
장항선 열차에 발을 올린다

암무지개, 수무지개 멀리서도 정답고
고동소리, 노櫓소리 떼 지어 몰려오는 포구의 환청 속에
정오의 짧은 그림자 데리고
나 오래도록 서 있었다

* 광천 독배 옹암포구에는 '광천 독배 시집 못 간 이 내 팔자'라는 한탄조의 레토릭이 있다.

** 창자(내장) 라는 말의 광천 사투리.

고향발전소
— 나승개꽃*

이젠 바람도 잔가지 끝에서 논다
복수초 노루귀가 고개를 드는 때
장항선 열차에 올라 느릿느릿 고향에 간다

지면의 마감서리 아침 동살에 마르는 들녘
풀잡맹이 속 광천의 첫물 나승개
언 땅을 들치고 나와 기지개를 켠다

고향 지키고 사는 봄나물
먼 곳으로 돌아가기 전 어머니처럼
허리가 땅바닥에 일자一字로 밀착된 모습이다

저렇게 엷은 햇살 움켜잡으며 자라다가
천세난** 봄 햇살 받아다가
꽃대 올려 하얀 꽃 피울 때면
손가락 근육 느슨해질 저 고향지기
녹슨 내 꿈에 활활 풀무질을 해주는 것이었다

고향이란 알고 보면
캄캄하게 잊어버린 꿈도 불현듯 생각나게 하는 물건

누군가가 놓고 간 고향
가슴길에 꺾꽂이하며 돌아선다

먼 별에서 오는 한 뭉텅이 햇살과 바람으로
오래고 지친 꿈 만발하겠다

꿈과 가까워졌으므로
나승개란 이름 버리지 않는다

* 나승개: 냉이의 충남 광천 사투리.
** 물건이 잘 쓰여서 찾는 사람이 매우 많아지다.

내일은 맑음

모시등걸에 찬바람이 일면 수수알도 붉어갔다
텅 빈 들녘은 눈이 해맑고 빈 볏단들은 막사처럼 서 있었다
논두렁 진흙 속에선 우렁이들이 둥싯거렸다

상지냇가의 소금쟁이 긴 다리 밑으로 새털구름이 빠져나갈 때
오포소리에 고무신 뒤축이 자꾸 벗겨지고
점심광주리를 머리에 인 어머니와 물주전자 든 나의 그림자
삽다리 따라 빠르게 흘렀다

새참이 나간 부엌은 매캐한 연기에 휩싸였다
양재기에 굴 무나물을 볶던 아궁이는
잔뜩 쓸어 넣은 왕겨에 속이 더부룩해졌다
장죽에 불붙이려던 할아버지는 눈이 내어 그대로 돌아 나오고
몽당수수비와 부지깽이도 모처럼 화상火傷의 몸을 쉬

고 있겠다

들녘에 어둠이 오면 홀연 귀뚜리의 노래 들리고
먼 하늘에서는 별들의 점등이 시작되었다

용수 안으로 밥알이 동동 뜨는 마을에서는 술처럼 시간이 익어
너른 들녘의 해는 일찍 져서 어머니는 우렁이와 양재기를
앞세우고 아버지별을 찾아 은하로 떠났다

문득 낯설어지는 풀벌레소리에 창가로 다가가는 마음
오래 묵은 가을밤이 가라앉는다
내 별이 다 보인다

(2010년 동양일보 제16회 지용신인문학상 수상작)

구舊 장터 냇가

물위로 떠오른 유년의 똥 덩어리
어수룩한 보洑가 아기처럼 안고 흔적을 지워갔다
빨랫돌 하나씩 차지한 빨래터에서 가난은 물 따라 내려가고
동네소문은 톡톡 버들잎을 건드린다

버드나무 가지 물속으로 치렁함은
바람같이 떠도는 뜬소문의 귀를 씻는 행위
모든 소문이란 입치레 따위 말의 군것질이므로

물은 겁먹은 유년과 나오르는 소문을 안고 흘렀다
입쌀밥이나 먹은 듯 감사나운 빨랫방망이가 때 전 설움을 두드릴 때
분꽃 따라 보리쌀 곱삶은 굴뚝 연기는 삼분리를 지나 이웃고 정암사 목어 운판을 두드려 구름은 쉼 없이 날고 까마귀 골짜기, 오서산 낮은 구릉으로 돌개바람이 일었다
머슴애들은 고무신짝으로 송사리를 잡고 여자애들은 하염없이 부서지는 모래성을 쌓고 또 쌓았다 하늘과 맞

닿은 꼭짓집*의 화덕 밖으로 물너울처럼 넘실거리던 하얀 불길
가마솥 뚜껑 들썩거리던 양잿물 냄새에 사람들은 굴풋한 괴춤을 죄었다
바랜 광목이 헹구어낸 푼더분한 햇살과 논둑의 토끼풀과 검정고무신 흙먼지의 전설, 구 장터
지금 숫제 주차장이 되었다는 소문은 머리맡에 용두레를 세운다
밤새 물소리 깊어지면 버드나무 하나 걸어 나오고
가지는 가라앉은 소문들을 펴 올리리라
무색**의 자주색 끝동 같이 환하던 어머니처럼
내가 살던 유년의 강으로 오래된 기억들이 반짝 몸을 밀어 넣는다

* 예전에, 빨래터에서 빨래를 삶아 주고 꼭지의 숫자대로 삯을 받던 집. 고향에서는 염색을 하기도 하였다.
** 물들인 색.

오래된 말[言語]들의 풍경

오래된 말[言語]들의 풍경 속으로 돌아가고 싶다

하늘과 구름이 떠서 흐르던 상지냇가 구 장터냇가
흐르다가 쌓인 자갈돌이 물낯 바닥에 거북등을 만들고
전설처럼 물빛 목새들이 달빛같이 환하던 곳

오래된 말들이 살던 집 우물가에는
두세두세 올케와 어머니의 말이 지금은 누렁우물을 지키는
나는 이제라도 다시 오래된 말들의 풍경 속에 섞이고 싶다
"땅은 뿌린 대로 거둔다고, 어리석음은 쉽게 옮겨지지 않는다[下愚不移]"던
우리 아버지 고故 이, 종 자, 섭 자와
"애덜 아버지, 애덜이 사친회비 달라구 아주 노래를 해 쌓유" 하던 용해빠진
우리 어머니 고故, 이, 상 자, 준 자의 풍경

공책 사라고 준 돈으로 입치레 하고서 아버지께
떠대지 못한 지난날
깊은 밤 두레박과 바지랑대가 나그네처럼 쉬고
저녁 먹으라고 아이들 불러대던 해질녘 정다운 목소리 속에서
불나방에 둘러싸여 늦은 저녁을 먹던 곳

횃대 밑 삼십 촉 백열등이 윗목을 비추고
허천난 마른 봄판은 칡뿌리를 캐고 광목 치마에 흙물 짓이겨 붙이며
땅거미 이슥하도록 냉이를 캐었지

맨드라미가 제 대가리로 척척 어둠을 잘라
적막 속으로 초가집을 끌고 가던
오래된 말들의 풍경
그 속으로 들어가 다시 옛날을 살고 싶다

고향 들녘에

고향 들녘에 냉이가 살고 있었소
태양의 기운이 움트기 시작하는 동지冬至에서부터
어둡고 깜깜한 땅 속으로 뿌리를 내리었소
땅 바짝 움켜쥔 이파리가 집열판처럼 햇살 끌어 모아
방고래로 파랗게 불이 들어갔소
그 나라에서 꽃샘추위를 느낀다는 건
절벽 아래로 떨어뜨리는 사자새끼를 의미하는 것이었소
소녀들은 뻴때추니 같이 차가운 웃음을 허공에 날리며
잘숙한 꺼먹 광목치마 속으로 숨어드는 봄바람 까부르며
들녘을 헤집고 다니며 냉이를 캐었소
바람에 구르는 바구니 속에서
아슬한 아지랑이의 춤에 홀리며
아주 호습다*고 깔깔대던 냉이
전과는 다른 삶을 살게 되었다고 좋아했는데
그 후로 영영 고향을 떠나게 될 줄은 아무도 몰랐소
냉이는 이제 비닐하우스 속에서 화초처럼 자라도
꽃은 피울 수 없는데**

고향 들녘의 걱실걱실한 냉이들은 캐는 이 드물어도
스스로 가꾼 5월의 하늘에 꽃 대공 길게 올리고
타닥타닥 하얀 불 피웠단 말이오
고향 붙잡아맨 그런 말뚝이
우리가 고향에 지고 있는 빚이 어디 냉이뿐이겠소

* 무엇을 타거나 할 때 즐겁고 짜릿한 느낌이 있다.
** 식용食用으로 재배하기 때문이다.

다락이야기

말[馬]*처럼
높은 곳에 열리는 사과처럼
안방에서 베개를 밟고 올라가는 곳에 있던 다락은 전설이다

부엌에 가득했던 개떡 냄새와 콩깍지 매운 연기가 올라오고
작은 들창문으로 서까래와 도리 안 제비집과 별이 보이고
그늘 속 식물 또는 만화경 같은 것들
예를 들면 비에 젖거나 쥐 오줌에 절어 변색된 책과 헌옷가지들과
쥐가 쏠라닥질한 호박씨와 아버지의 금고 주변의 지폐 조각 등
쥐가 넌** 것들이 얼렁장사 벌인 듯 어지럽게 널려 있었지

혼자 숨어서 호젓하게 책을 읽기도 했지만

던진 윷가락처럼 광목이불 속에 누워 있는 동기간들을 보면 내려오고 싶었지만 횃대 위에 긴 그림자 던지며
사기 등잔의 부윰한 불빛에 이끌리어 안방으로 내려오기도 하였지만
늘 그 곳으로 숨어드는 술래이던 나

할아버지가 세상을 뜨시던 날
아버지는 지붕 위로 올라가 할아버지의 깃광목 적삼을 흔들며
'皐 李, 光 자, 世 자 復! 復! 復!'
고복皐復을 하고 수시를 걷었으므로***
그 날의 희끄무레한 환영幻影과 한참이나 다락에 올라가지 못하던 두려운
기억이 저물녘의 하늘에 지금도 살아 있다
딸랑딸랑
고들개 울리며 말[馬]이 다락을 끌고 가버렸을까
아파트에서 아이들이 장난감 목마木馬를 타고 논다

나도 두절개처럼 한 집은 놓치고 또 한 집****에서는 길을 잃는다

* 정지용시인의 〈말〉 인용.
** ~을 쥐, 개 따위가 이로 쏠거나 씹다.
*** 고복皐復이 끝난 뒤에, 시체가 굳기 전에 송장의 손발을 바로 펴서 시신을 끈으로 대충 묶다.
**** 한 집은 단독, 한 집은 아파트.

어느 가을밤에

달빛이 내려
바지랑대와 빨랫줄이 땅에 누워 있던 밤
샘 가의 두레박도 두레박줄을 감고 쉬고 있었다
초가지붕 위엔
박꽃이 하얗게 무섭고
둥덩산 같은 박은
만삭의 배를 잡고 가쁜 숨을 몰아 쉬고 있었다.
깔딱굴 사는 큰언니가
어스름에 발을 재겨 디디며
두 아이를 앞세우고
달빛처럼 스며들었다

언덕 위의 하얀 집

— Vichy의 〈White house〉를 듣고

처마 끝 햇살이 비껴 찾아드는 댓돌 위 아래에는
19문, 19문 반, 18문과 그보다 작은 꺼먹고무신
십 여나믄 켤레가 봄날 바구미같이 까맣게 빛나고
키 큰 바지랑대가 마당을 지키던 집
샘가에선 줄을 서서 세수를 했지요
조부모, 부모와 십남매와 조카들이 행복하던 곳
지금도 밤이면 달빛 어슴푸레한 윗목에서 새끼 꼬던
아버지의 집으로 돌아가는 꿈을 꾸어요
쭉쭉 찢은 오이지냉국 꽁보리밥에도
잘 익은 꽈릿빛 얼굴들 늘 웃고 살았는데
아이들은 꿈을 꾸고
웃날 든 서녘하늘엔 무지개 자주 걸리고
밤마다 우리 머리맡에서 별들 자글거렸는데
팔랑팔랑 고무줄놀이에 광목치마는 나비가 되었는데
횃대 밑 어머니를 비추던 삼십 촉 전구는
바람 없는 날 굼뉘 같은 드센 물이랑으로
불뭉치같이 세차게 솟구쳐 올라 가라앉은 추억을 휘
저어 놓습니다

나의 소녀가 살던
밤이면 까맣고 낮이면 환하던 그곳
모든 것이 살아서 꿈틀거리고
이름을 부르면 대답하던 보고 싶은 목소리를 숨기고
기억의 수면 위에서 출렁거리네요
오늘도 그리움은 산소酸素처럼 혈관 속을 흐르나 봅니다

오포午砲소리

오포소리
오포소리

먼 고향의 오포소리
덤부렁듬쑥한 들녘 위로 종다리 날면
더욱 그리워지네

부모형제와 더불어 행복했던 시절
정오의 사이렌이 오— 하고 울리면
마루 밑으로 기어들던 삽사리
선잠 깨어 칭얼거리는 어린 동생 남겨두고

밥 광주리 이고 달음질치는 엄마 따라
숭늉주전자 들고 뛰었지
물 찰람거려 내 발등을 적셨는데
나이 들어서는 부모의 가슴을 적시었지

수초 사이로 방개가 숨고
꺼먹고무신 한 짝이 떠내려가던 냇가에서

내 대신 울어주던 오포소리

동화 속 성城에서 울려나오는 소리라고
꿈꾸듯 들으며
“일 많이 한 사람 밥 많이 먹고
일 하지 않은 사람 밥 먹지 마라”
오~
숨이 차 얼굴 발갛게 익도록 따라했었지

냇둑을 오르면
우줄우줄 웃자란 옥수수 잎 사이로
아버지의 밀짚모자는 얼마나 우릴 기다렸던지

봄이면 이명처럼 들리는
오포소리
아버지의 고수레~ 소리

신발을 꿰는 둥 마는 둥 밖으로 나가보아도
보이는 건 아무 것도 없지

내 마음의 반달

옹암포구가 개간으로 사라진 고향
정항선 철도가 달리는 대천에 해수욕장이 들어선다는 소문
귓결에 흘려버린 고향엔 보리타작 도리깨 소리만 요란하였다
월사금을 못 내 쫓겨 온 날도 중둥밥*만 삶아대고 있었다
광천 장날
끝이 말린 멍석 위에 수북하게 쌀 되어놓은 싸전마당으로
오늘도 노파는 반달모양의 쌀풀을 들고 나왔다
두 손을 솜저고리 소매 속에 찔러 넣은 모습이 자배기 물 위에 어렸다
쌀풀들 살랑거려 노파의 언 털고무신 반짝거리고
물비린내 밖으로 쏟아져
장바닥은 없는 포구를 떠올리며 눈시울이 젖어갔다
심부름으로 찾아간 황혼의 싸전마당
장돌뱅이도 다 돌아가 찬바람만 장이 선 파시罷市에서
양재기에 살풋 언 반달 두 개 사들고 골목길 들어서면
손은 곱아도 두 개의 달 해 한 덩이 폭이라 나는 무섭

지 않았다

큰언니의 혼숫감으로 수꼬사 저고리 지으며 엄마가 떼어 쓰는 쌀풀

나는 잠자리에 누워서도 이지러지는 반달만 생각하였다

밤 지새며 설빔 짓는 서할머니, 엄마와 언니의 섣달그믐 하얀 눈썹 같던 쌀풀

화로, 인두와 인두판 곁을 지키고 있었지

아폴로호가 달을 디디고

식구들이 고향을 뜨고

가게내기들이 노다지로 거리에 내걸리면서부터

명일이 다가와도 볼 수 없는 정다운 이름

바람 따라 장항선 철길 따라 죽 걸어가면 만날 수 있을까

고향 포구를 유영하던 하얀 지느러미,

* 1. 팥을 달인 물에 흰쌀을 안쳐 지은 밥, 2. 찬밥에 물을 조금 치고 다시 무르게 끓인 밥.

분꽃 앞에서

네가 피면 우리 어머니들 보리쌀을 대꼈단다
긴 긴 해 설핏해지면 승세 굵은 삼베적삼의 소매 둥둥
걷어붙였다
배곯던 옛 애기 노을처럼 토방에 흘리며
쩍 벌어진 나무절구에 찧은 겉보리를
이남박에 박박 치대어 곱삶았단 말이다

옹솥에 보리쌀 안치고 광목 행주치마에 손 문질러 닦고
짚북데기 불쏘시개로 불을 붙였다
풍구를 돌리며 아궁이에 왕겨 던져 넣으며 툭툭
부지깽이로 불 헤집어대었다

한소끔 끓으면 물 한 종구라기 들이붓고
또 한소끔 끓으면 또 물 한 종구라기 들이붓고
부뚜막 불티 후후 불어대던 모습
칠 벗겨진 찬장 위에 커다란 그림자로 일렁이더니

복사꽃처럼 익던 엄마도 올케도 작은언니도 식은 재

따라 별밭으로 간 지금
시어미처럼 너는 피어 저녁때를 재촉하는데
겉보리를 모르고
뱃구레 커져 괴춤 내려갈 일 없는 지금 사람들
왁자지껄한 네 꽃 사태에도 구름처럼 무심하다

툭하면 옛날 얘기나 꺼내드는 늙은네 같이
혼자나 감격하는 묵은 얘기 목쉬도록 하다가
아무도 듣는 이 없어 짧은 나팔을 너는 접는다

은하수의 집

신작로 양쪽 가생이로 도랑이 있고 도랑 위 두껍다리를 건너 나명들명 하였으므로 나는 우리 집을 은하수의 집이라 불렀다 칠석의 눈물 모르던 어리던 날

별무리 지붕 위에서 빛나 스무나믄 식구는 푸른 별을 쬐며 살았다 추녀 끝으로 지

랑*빛 빗물이 떨어지는 집에서 아침별에 주름진 얼굴을 쬐며 살았다

반공일 날 아침 황바리 게장하고 아침밥을 먹은 형제들이 나팔꽃이 핀 돼지우릿간

을 지나 학교로 가고 흙벽에 매달린 시래기는 바람 따라 펄럭였다

정오의 오포소리가 꽁보리밥으로 허기를 때우고

노루 꼬리만 한 겨울해가 서산으로 기울 때

함실장**이 깔린 안방의 시래깃국 냄새는 바라지창을 넘어

다,다,이,즘으로 밤하늘로 퍼져나갔다

아버지는 산내끼***를 꼬고

십리사탕을 입에 문 우리들은 백열등 밑에 엎드려 깍두기공책****을 채워나갔다
엄마는 솔기 터진 목내의를 비기고*****
언니는 수틀을 끼운 옥스퍼드천에 불란사실로 수를 놓던 밤
창호지 문풍지는 북풍이 무섭다고 밤새 울었다
목에 수건을 두른 장꾼들의 소달구지가 행렬을 이루어 결성통을 지나 장터로 가던 4일, 9일의
닷새장날
신작로 따라 소의 발굽소리 왼종일 흐르더니
사람들은 황혼빛을 띠고 짚에 엮인 말린 박대를 들고 돌아왔다
하루 일을 마친 앞마당 바지랑대가 곧추 서는 저물녘
까마귀가 오서산烏棲山 다복솔 위에 어둠을 쏟아내
우리는 별빛 덮고 잠이 들었는데
사람들이 하나둘 은하銀河로 떠나면서 은하수의 집도 노을을 등지고 떠나갔다

* 간장의 광천 사투리.
** 함실아궁이 위에 놓는, 넓고 두꺼운 구들장.
*** 새끼의 사투리.
**** 가로와 세로로 금을 그어 글씨를 한 칸에 한 글자씩 쓰도록 되어 있는 공책.
***** 뚫어진 구멍에 다른 조각을 붙이어 때우다.

제2부

불효는 잠 못 들고

음식물쓰레기통 앞에서

새파란 새댁이 들어간 승강기 속에서
하얀 할머니도 나오듯이
쌀, 식빵, 양파, 고등어가 들어가고
그것들 음식쓰레기 되어 나오듯이

살기 편한 아파트에선
음식쓰레기도 승강기 타고 내려오듯이

삼태기를 알던 어린 시절
샘가에 놓아두던 구정물통
밥상에서 나온 것들 받아두어
돼지가 금방 먹을 수 있던 구정물통 생각나라

공부하다가 눈꼽재기창으로 내다보면
머플러로 얼굴을 감싸고
일바지를 입고
한 손씩 번갈아가며 구정물통을 나르던 어머니와 언니
흘러넘친 구정물로 일바지 반질반질하게

다른 집의 구정물을 걷어 고갯마루 오르고 있었지

음식쓰레기통 앞에서 만나는
젖지 않은 아파트 사람들 앞에 서면 보인다

사라진 구정물통 따라간 오래 전 모녀
고단한 발자국 따르다
얼어버린 그 밤의 별빛과
지게 동바에 움푹 패이고 싶은 내 어깨가

어머니의 책

탯줄 자르고 배꼽 불거지고는
딴 몸 두 몸 되었지요
한때는 유선 전화기처럼 줄이 달려
하냥* 먹고 입고 울고 웃고 하였지요
고무신을 밟다 치맛귀를 밟다
자라서는 가슴을 밟고
살면서는 깜뭇 잊었지요

자식은 어른이 되고 또 제 자식 돌보느라
철로 변 전신주처럼 어머니는 뒤로 뒤로 밀렸지요
기차가 다시 와도
동백기름 윤나던 어머니의 석경石鏡 속은 적막했지요

밥알 씹어 먹이는 심알 잇는** 내리사랑
주기만 주기만 했는데
외할머니가 어머니에게 그러했듯이
어머니가 내게 그러했듯이

치사랑은 숨이 차서
돈처럼 먹고 죽으려야 없는데
그 사랑 받을 때면 미안해져서
오랜 죽음에 든 어머니 깨우고 싶지요

섶비빔질*** 소리 끊이지 않던 숲과
열 자식에게 다 내어준 속과
등바대 다 닳은 삼베적삼은 어머니의 책이지요

* 함께의 방언(충남 광천).
** 할머니가 손자에게 밥물림하여 줌을 이르는 말. 할머니가 어린 손자에게 밥을 씹어서 먹여줌으로써 마음의 골수를 이어주는 것.
*** 풀숲이 바람 따위에 어긋 비벼지는 일.

아지랑이에 떠밀려 집을 나서네

아지랑이에 떠밀려 집을 나서네
거리를 흐르는 사람들 겨울 잘 보내 주어
고맙다고 손이라도 덥석 잡고 싶은 날
걸음은 홍제동시장에 다다르고
좌판엔 돌나물, 돌미나리, 달래가
고봉고봉으로 봄을 풀어놓았네
한 세상 사는 즐거움 저렇듯 고봉이면 좋겠네
다가가서 한 모숨 그러담음은
돌나물 물김치 잘 담그던 어머니와 태가서* 찰찰거려
철사로 동여맨 자배기를 찾아보는 것
봉지에서 탁탁 물소리가 나네
잠자리 같은 눈알 뒤룩거리며 장맞이하는 사람처럼 나는
서성거리고 사람들은 수류水流처럼 나를 부딪치고 나를 지나
왁자하게 흘러가네
고삐 풀린 물김치 보시기 앞에서 도리깨침**이나 퍼 올리던

어머니의 졸린 숟가락같이
무서운 봄볕에 조숙조숙 마르는 돌나물
물이 닿자마자 시퍼렇게 살아나네

참 더럽게도 싱싱하네

* 질그릇이나 놋그릇에 깨진 금이 나다.
** 먹고 싶어서 삼키는 침.

마우스: 꽃을 굴리던 습관

닭은 코끝과 모이가 일직선이 될 때 모이를 쫀다는데

꽃이 없는 나는 노트북을 쪼지 못한다

코를 닦아 반질거리던 저고리 소매 끝처럼
밭에 가기 싫어 기름챙이*처럼
뺀질거린 내 별명은 꽃이었다

두 개의 눈
수채 구멍 속에서도 까맣고
긴 겨울밤 천장으로 다락으로 말을 달리고
꼬리를 잘라 학교에 가져가기도 했던 꽃

다시 장착하니 습관이 편안해진다

오래된 기억들을 떠나온 뒤
아파트는 뚫지 못하더니
컴퓨터를 만나면서는 아주 살판이 났다

아무 데나 대가리를 디민다
폭주족같이 바퀴도, 반딧불이처럼 빨간 불도 달았다

아무리 그래도
고양이에게 긴 꼬리 잡힌 꼬락서니
그런 줄만 알았는데
이렇게 동행이다 당당한 꽃이다

* 미꾸라지처럼 잘도 빠져나간다는 뜻. 기름종개.

시흥고개

시흥고개 옛 집에서 작은언니는
형부랑 딸이랑 두 아들이랑
호박덩굴 뒹굴듯이 살았습니다
한 살 아래 형부를 '우리 미영아배'라 부르면서
자랑할 것도 개뿔 없고
행복하지도 개뿔 않더구먼
입만 열면 '우리 미영아배' 자랑하면서
그러던 어느 겨울 삭풍 불던 날
우리 언니 스물아홉 우리 언니는
입에 달고 살던 우리 미영이아배
우리 형부 집에 돌아오기도 전에
어린것들 덩그마니 남겨놓고서
고운 영혼 혼자서 떠났습니다
가이 없이 가물 없이 떠났습니다
우리 미영아배, 우리 미영아배
개뿔 다 소용없는 일입디다
새각시 얻어 우리형부 잘만 삽디다
그래도 개뿔이 소용 있었나
우리 언니 우리 형부 데려갑디다

애들만 남겨놓고 데려갑디다
산본으로 시집간 막내딸 그리워
산본 가는 시흥고개 울며 갑니다

에미를 남겨놓고 너만 가느냐
새끼덜은 워쩌라고 너만 가느냐
몸부림치며 통곡痛哭 하다 혼절하시던
가슴에 묻은 딸 찾아 천방지방
가신 어머니도 생각나는
시흥의 고개

천지는 봄의 생기 머금고 있는데
푸르름의 너울을 감고 있는데
내 맘은 서러운 추억의 포로됩니다

우리 딸에겐 이런 슬픔 없으소서
어미 의지는
추억을 망각 속에 눌러 앉히고
행복의 고개를 지나갑니다

가을의 이명

동살 퍼지기도 전
쇠스랑을 어깨에 메고 일하러 나가시던 아버지
새벽 들녘의 이슬바심을 끝내셨던가
당꼬바지는 무릎까지 흠뻑 젖고 신발에 묻혀온 논흙은
들녘의 푸른 숨결을 풀어놓아
아낙네들이 떨어뜨리고 간 어제의 말들과
아버지가 거느리고 온 오늘 아침 소식들로 샘가는 늘 붐볐다

두레박 물이 심줄 불거진 발가락 위로 부어질 때
장광 항아리 불룩한 뱃살 위에선 미숙한 햇살들이 미끄럼을 타고
어머니는 진잎국 안친 옹솥에 불 다 때셨나
재티 앉은 광목앞치마 터는 소리가 부엌에서 들렸다
답세기는 새처럼 하늘로 날아오르고

책보를 매고 우리들은 학교로 가고
참외밭으로 오줌장군을 지고 다시 나가신 아버지

홍수에 떠내려간 논둑을 손보고
저녁 이슥해야 돌아오는 아버지의 몸 위로 가로세로 무수히 엉겨있던 땀
무슨 질수심으로 그렇게 일을 하셨는지
삭신이 다 닳은 우리 아버지
1984년 12월, 그만하면 족하다고
흙은 74세의 아버지의 육신을 받아 뉘었다

가을들녘이 수파穗波*로 물결치고
황금색으로 누릇해지면
머리에 수건을 질끈 동여매고 벼가을 하던
그날의 아버지가 생각나고
그러면 내 귀는 온통 홀태와 호롱기** 소리로 이명을 앓는다

* 많은 이삭이 바람에 물결치듯 흔들리는 모양을 나타내는 말.
** 탈곡기. 회전기의 충남 방언.

소멸하지 않는 바다

달빛이 내려앉은 어슴새벽
아버지가 먼저 새암물을 퍼다 가마솥에 붓고
불쏘시개에 불을 붙여 풍구로 왕겻불 때놓으면
자식을 열 낳은 어머니
머리에 수건을 쓰고 느지감치 부엌으로 나왔다

동네사람들이 샘에 와서 이남박에 쌀을 씻어 가고
대낀 보리쌀과 그렇고 그런 것들을 씻어갔다
동네 소문들을 물고 오고 물어 가고
가난과 설움들을 헹구어갔다

디디티*뿌려 허연 머리들을 감고
솔기에 서캐 실은 목木내의**들을 헹구어갔다
빗낱*** 던지면 동동걸음으로
수건을 눌러 쓰고 골목을 빠져나가기도 했다

장마에도 건수가 들지 않고 여름이면 이가 시리다던
사람들이 틀면 나오는 수도꼭지를 찾아

하나 둘씩 고향을 떠나자
가세家勢도 지구본처럼 기울기 시작했다
그날부터 뒤집혔다는 길고 동그란 우리들의 바다

밤새 고인 물 위로 하얀 김 서리고
샘둑에 얼어붙은 얼음을 깨먹던 겨울아침
엄마가 애 비릇던 축축한 풍경 속에는
거푸거푸 마른 목을 축이던 아버지가
내 가슴 속 소멸하지 않는 바다에는 있다

* 디디티dichloro-diphenyl-trichloro-ethane: 방역 · 살충제.
** 목 속옷: 지금 면이라고 부르는 속옷.
*** 빗방울의 충청도 방언.

보리

지심도 겨울엔 생명을 보듬지 않는다
우리집 밭고랑이 꽁꽁 얼어 유방처럼 부풀어 올랐다
보리누름을 꿈꾸며
밭고랑에 지천으로 자랄 개망초를 꿈꾸며
아버지는 서릿발같이 언 뿌리를 밟아주었다

거친 생명력으로
이 땅을 푸르게 뒤덮던 거룩한 종족
설늙은이 얼어 죽는 봄추위가 지나가고
깜부기와 보리가 깨금질로 바라보는 하늘에는
종달새 낮게 날고
구름 속으로는
보릿고개 넘던 옛 얘기가 머흘머흘 피고 졌다

장마가 지고 장미가 이울면
보리밭 위로는 황금물결이 출렁였다
맥질한 타작마당엔 보리꺼럭 같은 시름도 잦아들어
도리깨는 흥겨워 하늘을 돌고

해님도 즐거워 진종일 굴렁쇠를 굴렸다

아버지와 이서방의 성긴 턱수염 사이로 방울지던 막걸리와
그 날의
보리, 보리춤
우리가 추던 오천년의 꿈
성자를 품에 안고 돌아가던 강강수월래

꿈의 동그라미 무수히 떨어지고
거기에 한데 얼려 돌아가던 아버지가
걸어 나온다

보리다

오래된 풍경

꽃가지마다 앉았던 하얀 햇살
어둠에 견인되어 떠나가고
오월 꽃달* 내내 향기를 털어내다 지쳐
가시 돋친 안산의 아카시나무
나무갓 아래로 꽃송이들 주렁주렁하다
시베리아 설원에 나부꼈다던 샤먼의 오색 깃발이다
피리, 해금에 맞춰 돌아가던 무녀의 쾌자자락이다

우리 집이 굿당이 된 적이 있었다
시왕번기**가 아랫목에 꽂혔다
라일락 피어있는 마당으로 요령搖鈴소리 퍼져나가고
아기신이 내린 무당은 아기처럼 깃발을 흔들어대었다
큰무당은 삼지창을 하얀 헝겊에 싸서 들고 펄펄 뛰고
피리, 해금, 장구소리도 마구 섞이고 있었다

"네 정성이 갸륵하다 내가 네 소원을 안다"고
무당은 쉴 새 없이 맴돌이를 하며 공수를 읊어댔다

지구는 큰 톱니고 무녀들은 작은 톱니***
에너지를 받으려 서로 어긋 돈다는 저 맴돌이는
이승과 저승을 오가는 행위, 왼쪽으로만 연해 돌고 있었다

그녀들의 쾌자자락이 빙글빙글 돌았다
시아버님의 지노귀굿****도 겸한 그 자리에서 손바닥을 연방 비벼대며
'쌀알을 목구멍으로 넘기고 삼년만 더'
살게 해달라고 간청하던 시어머니
밥상에 올려놓은 쌀알 위로 무엇이 왔다간 흔적을 본 것도 같았다

시아버님의 진솔한복은 불광천변에서 태워 재가 되었으나
쌀알은 목구멍으로 넘어가지 않았고
얼굴에 달빛 안친 창백한 모습만을 시어머니는 우리에게 남겼다

마지막 모습은 왜 이렇게도 선연한지
마지막 모습은 왜 타인이 간직하는지

색색의 깃발이 하얗게 흩날리는
아카시나무 아래로 풀 수 없는 의문을 되새기며 걸어간다

아카시나무가 오색의 깃발을 흔들어댄다
오래 된 풍경이 바람에 흩날린다

* 꽃이 피는 오월을 꽃달이라고 이름 지었음.
** 백지를 길게 오려서 아랫부분에 빨강, 다홍, 남빛, 분홍, 노랑의 단을 대어 굿당에 장식하는 깃발.
*** 인터넷 참조.
**** 죽은 사람의 넋을 위로하고 극락으로 인도하는 굿.

높바람 부는 날

어머니는 쌍둥하게 자른 강동한 치마를 입고 계셨어요 가위질을 많이 하여 천생 행복을 가위질 당한 모습으로 드러난 다리를 떨면서 서울에서 내려가는 나를 기다리고 계셨지요 광천역을 지날 때마다 내게로 다가오는 어머니를 봅니다 기차를 타고 가던 지바고가 차창 밖의 라라를 발견하고 허둥지둥 서둘렀듯이 나도 입속으로 무수히 외치건만 소리는 도무지 나지 않고 어머니도 못 들었는지 나를 찾아 헤매입니다 어머니 시린 가슴 위로 바람이 지나가고 눈이 오고 내 가슴 위로도 눈이 퍼붓던 날 어머니를 땅 속에 묻던 그날 영혼이 떠나간 어머니는 춥지 않을 거라고 나는 코트 깃을 여미고 장갑을 다져 끼며 눈 퍼붓는 산에서 내려왔지요 그 뒤로 무수한 날 내 가슴으로는 비가 오고 바람이 불었지요 날이 풀리면 어머니는 우리가 가 본 적 없는 그곳에서 풋각시적 모습으로 오실까요

바람 속에는 바람이 된 내가 있고 또 다른 바람을 찾아가는 내가 보입니다

신사동 동백꽃

예전 살던 신사동 집 마당에 동백나무 한 분盆 있었는데요

목화송이 같은 꽃봉오리가 비지밥같이 바글바글 매달렸었는데요

병중의 시어머니가 내다보시고는,

"늬덜은 야중에 많이 볼 테니 내 방에 갖다 놓아라." 그러시더군요

그래 아마 꽃처럼 회복하시려나 보다 그렇게 생각하고 방안에

들여다 놓았지요

그런데 어느 날 시어머니는 꽃송이보다 앞장 서 가시고 말았습니다

동백꽃을 좋아하셔서 그렇게 뚝뚝 꽃처럼

가셨다고 밖에는 달리 생각할 수가 없었습니다

오늘 베란다에 동백이 화안히 벌었습니다

무슨 그리움이 이리도 붉은 해일로 밀려왔는지 모르겠습니다마는

거실로 들어갈 길마저 막힐 듯 합니다

가지 밭 인턴과정

옛날 갓 시집 온 어느 며느리
시어머니를 ‘어머니’ 라고 잘 부르지 못하였다
하루는 꽁보리밥에 풋고추 된장찌개 보글보글
끓여놓고 시어머니를 찾아 나섰다
시어머니는 가지 밭을 매고 있었다

입술이 떨어지지 않아
제 입을 때리고 싶었을 며느리
한참 만에 입을 열었다
“가지 밭, 즘심 드세유”

좀 더 가까운 옛날에 어떤 며느리*는 시어머니 어려워
모기 우는 소리를 내는 바람에
“부르기 싫걸랑 부르지두 말어” 그러고 살았는데

우리 며느리는
가지 밭 인턴과정을 수료했던지
시집오자마자 스스럼없이 나를 어머니라고 불렀다

* 나는 시어머니 어려워 늘 모기 소리로 시어머니를 부르곤 했다.

환희공장

가난한 생활엔 비누가 제격이었어
때를 평등하게 없애주고 솟아나는 별 같은 거품을
상상해봐
물을 만나자마자 버블버블, 꽃처럼 피어오르는 환희
그들의 무색의 혼례를
비누주인의 변신은 무죄라도
비눗갑 속에 비누를 넣어두는 건 땅땅, 유죄라니까

언젠가 이사 가는 동생을 위해 비누를 마련했었지
차비를 버스 안에서 잃어버리는 바람에
동생네 집으로 가는 시외버스는 타보지도 못했던 그날
시외버스터미널 매점에다 비누를 돈 산 사연
오그랑장사라고 하기엔 그건 너무도 쓸쓸한 환희였어

돌아가신 우리 시媤어머니도 내가 막내아이 낳으러 갈 때
쌀 한 말에다가 이 비누 열 장을 얹어주셨지
그 아이가 내게 기쁨이 될 걸 아셨던 거야

사람들은 모두 누군가의 환희가 되고 싶어 하지
세상 이끗을 거품 같이 아는 이
제 몸 닳려가며 세상을 맑게 하는
비누 같은 이가 좋겠어

요즘 젊은애들

요즘 젊은애들 하며 툭하면 혀 차는 소리 들은 적 있다
두꺼운 선입견이 우후죽순 자란 거라고 말할 수 있는데
불온한 그들의 비행에 대한 기사는 지각하거나 결석하는 일이 없었으므로
요즘 젊은애들이라는 말엔 늘 부정적인 냄새가 배어 있으므로

〈스카우트〉란 TV 프로를 보면서
요즘 젊은애들이라는, 고정관념의 배후에서
갓난아기 정수리의 숫구멍처럼 연해진
새로운 젊은애들을 본다

요즘 젊은애들인, 이제 고등학교 3학년인 그들은
애써 외면하고 싶은 나의 요즘 젊은애들 시절을 눈물로 바꾸어
살강 밑 물두멍에 들이붓는다

부모에게 할 일 다 했다고 말할 수 있는 이 어디 있으랴

당차고 아름다운 효심의 그들을 보는 내내
나의 물독은 마침내 넘쳐흘러
부엌 바닥을 흥건하게 적신다

요즘 젊은애들이 고정관념을 박차고
세상을 향해 달려나온다

스카우트 될 수 없는 지난날
온몸이 젖은 나를 환하게 말려줄 태양이 태어나고 있다

이미 그림자조차 사라진 뒤안길에도
젖을 수 있는 무언가가 사람들에게는 있다

죽음의 기록

중환자실은 죽음으로 가는 마지막 관문이다

시어머니가 중환자실로 가시게 되어
받아놓은 밥상이라고 시누님이 우시던 날
창밖엔 시어머니의 입술같이 허연 아카시가 피어있었다

저승사자를 만나면 담판이라도 벌일 듯이
재떨이를 앞에 놓고 현관문을 지키곤 하셨는데
그랬었는데

무얼 예감하셨나
정신이 들면 자꾸 집에 가고 싶다고 어린애처럼 보채시더니
사촌시누님과 손자가 머리맡을 지키는 집에서 시어머니의 마지막 숨이 나갔다

어린애처럼 엄마를 부르며 닫아 놓은 현관문을 두들겨대며

시누님을 기다리시는 듯
"빨랑 와"를 되뇌시더니
아들이 꿈에 사러 다녔다는 그 집으로 끝내 이사를 가셨다

똥 싸고 뭉개도 네게는 안 진다고
네가 아무리 잘 나도 나는 네 머리 위에 있다고 하시더니
어느 날 문지방을 넘지 못하고 그대로 배설해버리시고는
그 위에 퍼지르고 앉아 텀벙텀벙 눈물을 떨구시던 시어머니

받아놓은 밥상 우리는 받았다 그리고
내 머리 위에 있던
나를 두르고 있던 울타리가 없어졌다

아카시꽃이 뚝뚝 날리던 오월이었다

제3부

노년을 위하여

노년을 위하여 1

일제의 탄압에 항거하며 살던 세대를 위하여, 해방을 맞이하고 또한 그 혼란기를 굳은 의지로 견뎌온 이들을 위하여, 있어서는 안 될 한국전쟁의 가슴 아픈 역사를 겪은 이들을 위하여 나는 쓴다. 그리하여 영원한 평화를 기원하는 노년을 위하여 쓴다.

4 · 19와 5 · 16을 겪고 새마을 운동과 재건운동으로 잘 살아보자고 허리끈을 졸라맸던 사람들을 위하여, 조국근대화에 앞장섰던 우리 부모세대, 중동 파견 근로자, 파독 간호사와 광부와 파월장병들과 거기서 돌아오지 못한 숱한 국군장병들을 위하여 나는 쓴다

이 땅의 민주화를 위하여 죽어간 고 박종철과 고 이한열열사를 위하여, IMF로 실의에 빠졌던 이들을 위하여, 아직도 그 구렁텅이에서 벗어나지 못하고 아픔 속에 사는 이들을 위하여 쓴다

그리하여 다시 나는 쓴다

앞만 보고 달려온 그 파란만장, 젊음도 사라져 이제는 돌아와 집안에 기거하는 퇴직자들의 쓰디쓴 입맛을 위하여 쓴다.

괴춤 조이던 보릿고개를 넘어 이제는 집안의 어른으로서 국가와 민족의 미래를 위해 기도하는 이들을 위하여
황혼의 사랑에 설레는 노년
지혜의 노년, 현대의 문학 등 예술이 난해한 노년을 위하여
낙엽 진 자리에 새 움 돋듯 새로운
탄생의 싹인 노년을 위하여
자신의 위치에서 아직도 일하는 노년을 위하여
혼잣손으로 자식을 키우고 가르친 모든 눈물겨움의 노년을 위하여
그리하여 젊은이들의 본보기가 되는 노년을 위하여
쓸 것이다
그들을 위로하고 그 정신을 기리는 글을 나는

노년을 위하여 2

아직도 육아에 매달려야 하는 노년을 위하여, 취업전선을 기웃거려야 하는 노년을 위하여, 젊은 패션을 고집하고 다방보다는 카페가 좋은 새끼노년*을 위하여, 귀촌 또는 귀농문제로 부부 간 티격태격하는 청춘 노년을 위하여,

이제는 예수나 부처의 경지에 이른 믿음의 노년을 위하여, 손자의 입시문제도 걱정권圈인 노년을 위하여, 백세시대가 두려운 노년을 위하여, 고개 숙인 성性의 늙은 남자를 위하여, 날마다 재가在家남편의 점심을 차려야 하는 늙은 여자를 위하여, 어느 날 발견한 검버섯이 섬뜩한 털북숭이 노년을 위하여, 자식들이 섭섭해도 하고픈 말도 꿀떡같이 삼키는 노년을 위하여, 딸의 생활을 간섭하지 않는 노년을 위하여. 용돈을 받으면 애틋하고 안 주면 서운해서 건밤을 보내는 햇병아리 노년을 위하여, 남편 세끼라 부르면 안 되는 가거家居남편을 위하여, 구렁이알 같은 퇴직금 지키느라 잠 설치는 노년을 위하여, 문자보내기나 카톡을 잘 익히지 못하는 노년을 위하여, 사람 이름이 생각 안 나서 잠 못 이루는 노년을 위하여, 각종 질병으로 고통 받는 노년의 치유를 위하여, 어르신교통카드와 각종 연금을 받는 축복의 노년을 위하여 죽어야지

하면서도 건강프로에 눈을 빛내는 노년을 위하여, 나이는 숫자에 불과한 노익장을 위하여, 이제는 늙은 남편을 아들이라 생각하기로 한 늙은 여자를 위하여, 독거노인을 위하여, 황혼이혼을 감행한 용감한 노년을 위하여

나는 이 글을 쓴다

떨거둥이** 되지 않으려 몇 푼의 자금을 쥔 노년에게 한 줄기 위로가 되었으면 좋겠다. 아내도 자식도 푸네기도 길카리***도 노년에게 두려운 존재가 안 되었으면 좋겠다 노년을 속이거나 울리는 행위도 없었으면 좋겠다. 노후자금이 없는 부모도 부모라는 인식이 확산되는 사회가 되었으면 좋겠다. 부모는 열 자식을 거느리는데 여러 자식이 한 부모를 모시지 못하는 현실- 그것을 속으로 삭이는 노년은 위대하니까

* 새끼낮((정오가 채 되지 아니한 낮)이란 말에서 새끼를 빌려왔다.

** 재물 따위를 모조리 털어 먹은 사람.

*** 가깝지 않은 친척.

TV와 아버지

부푼 희망을 안고 사냥터로 나가고
노을 지는 지평선 뒤로
사냥터에서 돌아오던 먼 날의 아버지

거친 들에서 깜부기와 엉겅퀴를 거둬내며
이마에 땀 흘리며 밭 갈던 아버지의 아버지

그런 아버지의 아들 우리 아버지가 회색의 좁은 아파트에서
화살 쇠스랑 대신 리모컨을 돌리면서
지평선 대신 TV를 바라보고 있다
우리 아버지들 중의 더러는 그래서 얼굴이 네모난 사람이 많다

우리 할머니의 장한 아들인 우리 아버지
돈을 벌어와 가족을 부양하느라 늙어버린 우리 아버지
마음대로 뛰고 달리고 할 터전이 없어져서
삼손처럼 답답한 아파트 우리 안을 왔다 갔다 하고 있다

TV에 곡괭이로 파던 광활한 논과 밭
아프리카 원주민들이 사냥하는 장면이 컷백*되었다

아버지의 눈이 빛났다
아버지가 일어섰다
아버지가 삽을 집어 들었다
아버지가 TV를 향해 화살을 겨누었다

붉게 충혈된 석양이
지평선을 끌고 저물어 가고 있었다

* cut -back: 장면 전환을 한 뒤에 다시 본래의 장면으로 되돌리기; 관련된 두 화면 이상을 번갈아 대조시키는 장면 전환.

기계치機械恥 나이치恥

노래 못하는 사람을 음치라 하듯
바보 같은 사람을 천치라 하듯
기계에 대해 두려움 갖는 이를 기계치라 한다지

난 그 마음 이해할 수 있어
변해가는 세상을 따라가기는 가야 하는데
따라갈 수 없어 두려운
그 불안을

나이 먹어 귀 안 들리고
눈 안 보이고 이 아프고
젊은애들 심정 헤아리지 못하는 건
그럼 나이치라 하나

나이 먹는 것도 설워라커늘
눈치 없이 나이 얘기는
에이, 여보슈

눈치가 있어야
시어미노릇도 한다는데
그런 이치도 모르슈

귀 안 들려 잘 모르오

남편세끼는 하루 세끼 밥을 먹는다

지난날의 배후에서만 빛나는 사람이 있다

오랜 일터에서 돌아온 남자는 곧 집안의 붙박이
여자는 하루 세 끼 먹는 그를 삼식三食이, 남편세끼라 불렀다
식구를 먹여 살리느라 흰머리 늘어난 그는
물때썰때, 아니다 밥때나 기다리는 식객이었다

저녁의 귀가를 향일성의 하루로 만드는 건 시간이다

한 꿈에서는 넥타이 펄럭이며 일을 하고
또 다른 꿈속에서는 이력서 들고 동분서주 하던 늙은 남자
식은땀에 푹 젖은 하얀 태양의 아침을 맞는다

침상은 더 이상 안락한 장소가 아니다
고양이처럼 쥐처럼 눈과 귀가 밝아지고
어머니처럼 입이 자라는 자신을 남자는 슬프게 바라

본다

24시간의 노출은 모든 게 새롭게 낯설었고
밤새 등 보이고 자는 아내와 대낮의 시간들은 두꺼운 두려움
수시로 곁눈질하고 전화를 엿듣는 건 부부에게 새로 생긴 버릇이었다

오늘도 남,편,세,끼는 하루 세끼 눈칫밥을 얻어 먹는다
아들의 부양가족이 되면서 한날 근심가마리가 된
무거운 남편세끼의 출타를 애타게 기다리는 여자는
까치집의 비둘기*
아무런 명칭 없이 남편세끼가 벌어온 밥을 먹었다

* 구거작소鳩居鵲巢; 비둘기는 스스로 자기의 집을 짓지 않고 까치집에서 사는 데서 나온 말로, 아내가 남편의 집을 자기 집으로 삼는 것을 비유적으로 이르는 말.

“단돈 천 원”의 사내

단돈 1,000원의 사내
끌고 다니는 수레엔 삶의 상처 같은 누런 테이프가 무수히 감겨있고
손잡이에는 반질반질 길이 나 있었는데

사는 데 길이 나 있는 건 아니었지
움직이는 차안엔 움직이는 손님 뿐
잠깐 탔다가 내리는 인생 같은 차안을 누비던 당신의
볼주머니에는

물병덮개, 토시, 싱크대청소기, 목 워머, 오이깎이칼…들어있었지

의미 있는 얼굴빛으로 싱크대청소기를 가방 속에 넣는 여인
마음은 그녀에게 절을 올리고 싶었지

승객의 하찻점

역驛은 수시로 열려 당신을 도피시키고
경찰이나 단속공무원은 그림자라도 잔달음치게 하였지

등걸에는 소금꽃 하얗게 피고 발편잠 한 번 못 잔 사내
신은 왜 나를 염두에 두지 않으시는지
얼마나 되뇌었을지
김첨지감투처럼 물건들 없어지기를
당신, 퉁퉁증 얼마나 삭이었을지
팔아달라고 생청 부리지 않았건만
틀거지 멀쩡해도 승객의 눈엔 잔다란

천 원의 사내
당신

망치질하는 남자*

다리를 서서히 굽히면서
1분 17초에 한 번씩 망치를 들고 내리면서
밤낮으로
허공을 내리치는 남자, 남자야

너는 왜 망치를 들었느냐
지칠 줄 모르고 고개를 드는 성性이냐
네가 사랑하는 가족을 위해서냐
아니면 이제는 중독의 경지에 이른 일이냐

무언가 하지 않으면 안 되는
현대인의 표상
망치질하는 남자가 가엾다
애초에 10년쯤 단명하게 태어난다는 남자
남편 · 아들 · 손자…그들이

어쩌면 그게 아닐는지도 모른다
벗어나고 싶은 일과 어깨를 짓누르는 가족과 성

그것들을 다 부숴뜨리고 싶어 그러는지도

모른다
열 길 물속은 알아도 한 길 사람 속을 모른다

그런데 아프다
저 남자의 망치에 내 가슴이 아프다

* 망치질하는 남자(Hammering man); 미국 조나단 보로프스키의 작품. 서울 광화문과 흥국생명빌딩 앞에 설치된 길이 22m, 철판 두께 49cm.

삭제되는 남자

창 밖에 묶인 당신의 시선
복수초가 배경이더니 지금은 녹음이 푸르러요

현직現職이란 남자의 권력이라죠

바깥이란 안을 위해 일한다는 의미
그렇다면
집으로 돌아온 당신은 어떤 안이어야 하는지
치어 때도 없던 여자가 당신의 부재不在를 소망하던 걸요

안과 밖 어디에도 속하지 못하는 깍두기는
손톱처럼 자라는 눈치의 우리에 갇힌 새벽호랑이
당신
둥지 안에 혼자 있고 싶은 여자 뒤편
들풀처럼 자라는 욕망에도 여러 번 들켰는데

개밥바라기, 당신의 푸른 밤은 이제 젖지 않을 거예요
만년晩年설움이 곰처럼 두꺼워 가도 점점 안에 대해 익

숙해지기 때문이죠

누구나 안으로 돌아오기 위해 밖에 있었는지도 몰라요
굴러온 돌과 박힌 돌의 역학力學
세상은 이제 부부사이에 횡행한다고 믿죠

우리를 사랑하므로
안에서 태어난 새 생활의 털북숭이는
밑동을 지나 위초리에 새로 돋은 애채*를 흔들 거예요

그때쯤이면 당신을 향하던 숱한 의문부호들
느낌표 향해 꼬리지느러미 힘차게 몸짓하**지 않을까요

* 나무에 새로 돋은 가지.
** 몸을 놀리다.

무서운 남자

아내가 미쳤다
전엔 조금씩 먹어야 한다더니 지금은 수북한 감투밥이다
많이 먹고 어서 죽으라는 것이다

아내는 어머니에게도 그렇게 하였다
시모를 잘 봉양해서 팔아먹는다는 옛 얘기를 들은 후부터였다
그땐 몰랐는데 짚이는 게 있다 어머니 돌아가시고
아내는 크게 울었다 자기 죄를 생각해서 그랬을 것이다

요즘 아이들의 태도도 이상하다
많이 먹고 힘내라고 자꾸 음식을 권한다
잘 먹고 죽은 때깔 운운하면서
그게 바로 많이 먹고 어서 죽으라는 얘기가 아니고 무엇이냐
너무 먹어 자귀가 나서 걷지 못하는 개를 본 일이 있다

요즘은 사람들이 무서워 밖에도 잘 나가지 못한다
어떤 늙은이가 어린 여자아이 뭐 어쨌다는 뉴스가 나

온 뒤론 더 살벌해졌다
지난 밤 무료해서 밖으로 나왔더니 고양이가 허리를 죽 펴며 야옹거렸다
예전엔 구둣발 소리만 나도 도망가던 놈이다

이제 그는 밤의 노숙자다
퇴직자라는 이름에 걸맞게 불콰한 코를 가지고 있다
먹지 말라고 하면서도 즐겁게 안주를 내어오는
여자가 좋아하는 말은
남자의 귓바퀴에서 미끄러지기 일쑤
빈 그림자 집에서 메아리로 살 뿐이다

달빛처럼 무릎을 꿇고 사는 날이 많아진 남자를
웬수라고 말하던 TV 속 여자와
널브러진 살림살이 줍다가 남자를 바라보던 이웃집 여자 등

늙은 남자는 바깥과 집안이
모두 무섭다

은퇴한 남자

은퇴한 남자가 집으로 돌아온 뒤부터
집안에는 윗바람이 살았다
그건 날씨와는 전혀 상관없는 듯이 보였다
맑은 날 궂은 날 가리지 않고 불어대었다
젊은 때라고 그런 바람이 없었으랴만

옷을 껴입은 여자는 러시아 인형 같았다
순전히 남자의 재가在家의 무게 때문에
집이 기울어졌다 했다
기울기에 대응하려고 여자는 부단히 애를 썼다
똑바로 서기 위해 팽이처럼 스스로를 돌리기도 했다

남자가 쥐걸음을 하기 시작한 것도
남자의 어깨가 쳐지기 시작한 것도 이때부터 였다
하긴 아들이 입시에 실패하던 때
남자의 어깨는 한번 추락했었다

아낙군수, 안방샌님, 안방지기, 구들직장直長, 가거자家

居者, 구들더께, 골방지기…

남자는 구듭치기*의 대상이 되어 별명이 늘어가고
남자의 아이를 낳고 남자의 아랫목을 차지한 여자는
출입이 자유로웠으며 개선장군처럼 당당했다

섶사냥이라도 해야 굴 밖으로 나올 것 같은 남자와
여자 사이에서는
깊은 밤
수십 년 쌓은 만리성萬里城의 속담도 헐리고 있었다

* 귀찮고 괴로운 남의 뒤치다꺼리를 하다.

속없는 남자

남자는 아침마다 자기의 속을 놓고 나갔다
상사에게 불려가서 그 달의 매출부진에 대해 닦달을 당하였으나
속을 가지고 가지 않았으므로 담담할 수 있었다
점심시간, 식당에서 나오는 동료를 만났다
침에 젖은 이쑤시개 뒤에서 경쾌한 실로폰 소리가 났다
천정부지로 오른 그의 강남아파트 얘기를 들었으나
자신의 변두리 아파트를 생각해도 그의 맘은 편하였다
퇴근 무렵 친구를 만났다
주식 투자가 대박이 났다는 얘기 덩굴이 밭고랑을 타고 뻗어갔다
들어가는 밥보다 내뱉는 주식이 더 많았다
속없는 남자는 밸이 꼴리지 않았으며
땅 투기로 졸부가 된 친구 얘기도, 자식이 S대 들어간 친구 이야기도
그의 속은 먹지 않았다
어느 날 친구 남편 얘기를 하는 아내의 성화로 병원에 갔으나

사내는 속이 없어 검진을 받을 수 없었다
집에 돌아와서 속을 넣으려 했으나
이미 그 생활에 익숙해진 몸에 물기 마른 속은 들어맞
지 않았다
그 후 사람들은 없는 그의 속을 믿었으며
사람들 속으로 들어가지 못하게 되면서
겉도 없어지는 걸 그의 속만 몰랐다

허수아비

두 개의 막대기로만 된 사람
세로로 된 키에 가로에는 팔이 걸쳐있다
바람을 등에 지면 들판을 놓고 사람들은 떠나지만
그는 차라리 바람을 불러들여야 한다는 말이 옳다
한번도 양손에 들려져 있는 통을 놓은 적이 없다
그것이 밥통이었으면 좋겠다고 무수히 생각했을 것이다
그에게 지워진 짐은 몸을 쉼 없이 움직이는 일
빵도, 요구르트 한 병도 먹어보지 못한
그들은 한결같이 같은 옷과 모자를 쓰고 광대 같은 모습이다
요즘 사람들이 사는 모습과도 다르지 않지만
날마다 다른 하늘과 곡식과 시냇물은 그의 주위에서 빛난다
노을은 하루에 한 번씩 찾아와 어둠으로 이끌어
한기寒氣는 그의 다리를 타고 온 몸으로 퍼져간다
바람이 지나가면 바람의 동심同心 안에 들던 그였지만
이제 바람은 그를 위해 불어주지 않는다
겨울이 다가오며 바람은 더 무거워져야 하기 때문

참새들이 그의 통 속에서 놀 때 그는 진짜 허수아비고
굴욕은 입지 않은 아랫도리처럼 허전하다
푸른 동살에 간밤의 젖은 이슬을 터는 아침
남의 추수나 곁눈질하며 살아온
바람의 잔고殘高 수북한 깡통의 사내
필경 두 개의 막대기로 남을 것이다

머잖아 그의 들녘으로

어미 소가 새끼 부르는 영각소리에
겅중겅중 송아지가 달려오던 봄날 들녘의 풍경

여기저기 써레질한 무논엔 구름 그림자가 들어차고
들녘은 여기저기 푸른빛을 띠었다
멀리 산모롱이로 저녁해가 붉은빛을 넘겼다

코뚜레에 허연 김 내뿜는 긴긴 잔풀나기의 한나절
여기저기서 한 겨리* 혹은 두 겨리의 소들이
이랴쩟쩟
늙은 주인의 젖은 목소리 따라 발걸음을 옮긴다

빗변처럼 기울어져 있는 퇴직한 남자
날마다 밖을 바라보다가
부사리처럼 아니다 본능처럼 현관문을 머리뿔로 받은 적 있다

잡을손**이었던 그가 빈손을 내려다본다

오늘을 부정하고 싶은 남자가 마침내
창문을 열어젖힌다

성긴 머리카락 위로
창가를 맴돌던 흰눈 한 쌍이 사뿐 내려앉는다

머잖아 봄이 그의 들녘으로도 오겠다

* 소 두 마리가 끄는 쟁기.
** 일을 다잡아 해내는 솜씨.

울다

일제 36년간 대한민국의 독립을 위해 싸우다가 스러져 간 뭇 애국지사와 독립운동가들을 위하여 운다. 1983년 사할린 상공에서 소련 전투기에 격추 당한 KAL 007기－탑승객 269명 전원이 숨진 이 사건을 추모하며 나는 운다.

1994년 10월 21일 성수대교 붕괴로 16번 버스를 타고 가던 무학여고 여학생 9명과 직장인 등 32명이 희생당했다. 우리의 안전하지 못한 안전에 대하여 나는 운다. 아, 그리고 삼풍백화점 붕괴- 그리하여 수백 명이 희생당한 사건을 우리는 뭐라고 말해야 하나.

씨랜드화재사건의 어린 희생자들을 운다

2001년 1월 26일 도쿄 신주쿠 야마노테선 신오쿠보역에서 선로에 떨어진 일본인 취객을 구하려다가 하늘나라로 간 한국인 유학생 고 이수현씨의 의로운 행동을 운다

2003년 2월 18일 한 정신질환자에 의한 방화로 192명이 희생당한 대구지하철화재 사건을 운다. 휴대폰으로 전해졌다는 숱한 사연들－ 엄마, 불이 났어요, 연기가 나요, 엄마 와서 도와줘요－ 마지막 유언인 그 음성을 전한 휴대폰도 타버린 사건을 나는 운다

몹쓸 짓으로 희생당한 어린 여자아이들을 위해 운다

참수리 357호, 연평해전의 전사자들을 위하여 운다.

살아서 돌아오라 나는 숱하게 외쳤지 심청이처럼 살아서 뚜벅뚜벅 돌아오라고 그러나 끝내 돌아오지 못하고 수중의 꽃이 된 마흔여섯 대한민국 해병과 고 한 주호 준위를 위하여 나는 운다.

이름부터 세상을 뛰어넘는 세월호는 만들 때부터 저지레*다. 그래서 지상에서의 삶을 넘어 저 세상으로 간 거다 앳되고 고운 학생들, 선생님들과 일가족과 친지들 304명이 희생당한 세월호 침몰사건을 운다. 그리하여 끝내 죽음 쪽으로 기운 희생자들을 운다. 수색 작업 중 사망한 사람들을 위하여도 나는 운다.

수련회 중 사망한 많은 대학생들을 운다. 다시는 이런 비극이 없어야 한다고

하늘나라에서 모두 편히 쉬라고 두 손을 모으며

운다

* 일이나 물건에 문제가 생기게 만들어 그르치는 일.

제4부

내 사색의 창

총각네 야채가게

동네에 대형마트가 들어오면서부터
총각네 야채가게가 문을 닫았다
총각네 야채가게에서 과일을 사던 사람들은
아무렇지도 않은 얼굴로 그 앞을 지나
카트를 밀면서 마트 속으로 사라져갔다
손님들이 밀어닥쳐 한참 분주할 때면
덧댄 까대기의 천막 위에 달아놓았던 플라스틱 통 속으로
총각의 손 뻰질나게 드나들더니
총각의 어머니로 보이는 늙은 여자도 곁에서 어리대며
결코 싫지 않은 기색이더니
오늘은 돈도 안 되는 바람 몇 푼이
셔터가 내려진 가게 앞 고무줄에 묶인 분홍색 통을 흔들며 지나간다
분홍색은 어느새 바래어 고장물 줄줄 흐른다
호스를 구부려 만든 둥근 테 위에
무슨 영의정 · 좌의정 · 도승지 · 현감… 이나 되는 듯
한 자리씩 자치하고 있던 수박도 지나가버린 영상에

속하였다
  포개져 있어도 마트의 수박들은 시원하다는 표정이고
  냉장고 밖에 붙여놓았던 '총각네 과일가게' 라는 스티커도
  떼어버리고 어느새 마트에 들랑거리는 사람들은
  이제는 길거리에 늘어놓고 파는 과일에는
  눈길 한번 주지 않았다

(2010년 제2회 천강문학상 시 부문 우수상 수상)

하늘이 눈으로 붐비다

허공에 눈시장市場이 섰다
댓잎도 소나무도 오늘은
항상 머리에 흰구름을 두른다는 흰두루*처럼
수북한 소복을 입었다

절개지가 가로막아 어둡던 109동 아래층이
오늘은 백설기의 한 켜같이 환하겠다
눈은 오는 게 아니라
제 길을 가다가
가다가 사람들처럼 잠깐 땅에 머무는 것 아닐까
그리고는 다시 눈으로 돌아가는 것 아닐까

햇살이 비치니
땅에도 빛나는 사람들이 있다는 듯이
숫눈이 보석처럼 반짝거렸습니다
나는 눈과 함께 지상에 머무는 것이 행복했습니다

오래된 담 밑 김치항아리

계절의 관을 썼겠다
하얀 별 안으려고 발꿈치 서성이겠다

눈이 퍼부으면 사라졌다가 성글어지면 나타나곤 하였습니다
안산이 하루 종일 그랬습니다
나도 그랬습니다

(2010. 1. 4 서울에 25.8㎝이 눈이 내림)

* 백두산을 칭하는 말.

여행을 생각하다
– 크로아티아 플리트비체 국립공원에서

동유럽의 진주
초승달 모양의 크로아티아와 크리에이티브creative란 말은
동의어라고 정의를 내린다
호수와 동굴, 계단식 폭포가 어우러진
플리트비체 국립공원* 언덕에서
하늘이 갑자기 사라져 나는 길을 잃었는데
호수는 한 겹 깔린 거울
수많은 하늘을 낳아놓고 산욕産褥 중, 푸른 비린내 물씬하다

햇살이 만드는 코발트빛 호수
바닥엔 석회가 쌓여 갈대의 오랜 잎 갇혀 있는데
속잎 사이로는 송어가 몰려든다
슈베르트는 여기 와서 송어를 작곡한 건 아닐까
발이 훤히 보여 비밀이 드러난 오리는 호수 밖을 모르고
나무다리 지나가는 바람에 나我는 고국 소식을 묻는다

유람선에 올라 호수를 가로지르며
하고 싶은 말이 너무 많은 조용한 물소리에
귀 기울이며
언젠가 만난 적이 있는 사람들에게 손을 흔든다

여행이란 한 시대를 살아가는
길 가 돌멩이 하나도 사랑하고 싶은 마음
익숙해질 만하면 돌아가야 하는 인생 같은 것

여기도 내 삶 속에 예정된 곳이라는 기쁨
으로 지금은 시간의 여신의 얼굴 위를 지나는
가장 행복한 순간

* 유네스코 지정 세계자연유산.

시간의 단층

'약이 다 닳았다'는 시계방 주인과 '넣은 지 얼마 되지 않았다'는 내 말 사이에서 일치하지 못한 시간의 못이 구부러진다 약을 다시 넣고 그가 되돌려 준 시간을 안고 돌아선다

정지해 있던 시간의 등 뒤로 벚꽃이 진다

서로의 얼굴을 부정하는 나이테 많은 부부 사이에서 누가 코를 곤다 인터넷에서 드래그 했던 것들이 따라오나 풀어달라고

내가 삭제한 인터넷 메일 또는 문자들은 어디를 떠돌고 있을까

밤에 정박碇泊하는 나는 점점 더 말똥말똥해지는 눈동자로 딸과 메신저를 주고 받는다 서른여덟 작은딸의 열네 시간 늦은 미국, 그러므로 한국은 미국의 미래다

괴로움과 환희의 화석에서 뿌리가 같은 나무가 자란다

새로 산 조기를 냉동실에 넣는 건 이미 얼어있는 조기와의 시간을 같게 하는 일

현재 나를 어머니라 부르지 않은 아이들이 여럿 생겼다

오늘을 살지 않는 우리 어머니는 내 뱃속의 태아다

우리에겐 사뭇 숫스러운 시간이 있다
로고스로 이루어진 세상 모든 시간의 알—
기적의 언어를 찾으러 가끔 그곳을 향해 무릎을 꿇는다
연탄재는 낮이고 연탄은 밤이라는 나의 생각 끝에서
불나비란 태양의 둘레를 돌다가 죽는 사람이다

물 한 방울이 바다가 된다는 현미경

내 시간의 순도純度는 유채색有彩色*이다

* 무채색無彩色은 순도가 없다.

갈치를 사다

아들이 왔다
밥이나 한 끼 해 먹인다고
남편의 밥상에 자주 올리지 못하는
갈치 한 마리를 나는 덜컥 산다

돌아오는 길
비는 들고 퍼부었다
버스에서 내려 횡단보도를 건너고
다시 되짚어 와 버스를 탔다
거기에는 남편이 좋아하는 낙지도 있었다
밤에 나를 낙지발처럼 칭칭 감아준대도
남편을 위해서는 가지 않을 길이었다

내일이면 서울의 출장을 마치고
아들은 자카르타로 다시 돌아간다
어미는 안다
갈치 같은 것으로는 죽어도 아들을 잡아둘 수 없다는
것을

아들에게는 아들의 삶이 있고
며느리와 두 손자가
이것보다 더 큰 갈치를 사놓고 기다리고 있다는 것을

갈치조림이 호박죽처럼 뜨거우면 안 된다고
수탉의 전설을 생각하며
며느리의 남편인 아들을 즐겁게 배웅한다

어이없게도 어미가 고무장화長靴를 신다

어이없게도 어미는 딸에게 장화를 사달라고 했네
어이없게도 딸은 장화를 사들고 왔네
꼭 끼는 장화를 벗으려 애쓰는 어미
여우가 뒤웅박 쓰고 삼밭을 헤매는 것 같았네

어미에게 장화는 서녘에 뜨던 무지개
어릴 적 꺼먹고무신은 늘 장화를 훔쳐보곤 하였네
언젠가는 꼭 신고 싶었던 장화
어이없게도 장화에게 세월이 흘렀네

어이없게도 지금 세상으로 장화 붐이 일고 있네
장화 같은 직감으로 그걸 알아낸 어미
참 어이가 없네
발은 장화에게로 장화는 자꾸 하늘로 부리를 향하네

아주 비싼 것이라니
참 어이없어 딸은 가슴을 한 번 쓸어내렸겠네
무지개를 바라보며 살아왔다고도 말 할 수 없는 어미

겠네

장화 아래로 무지개 훨훨 날아가네

어이없게도

어버이날 선물로 장화를 사달라고 했었네

장화를 신고 장화 신은 고양이 떠올리는 일 어이없지만

나는 딸이 캬라바백작*이 되기를 바랐는지도 모르겠네

장화를 신고 어미는 어디든 가도

죽순竹筍밭에 갈 필요는 없을 것 같네 어이없으니

* 동화 〈장화 신은 고양이〉에 나오는 백작 이름.

터키 에베소 유적遺蹟에서

폐허를 배경으로 한 마리 고양이 앉아 있다
기독교의 역사가 살아 숨 쉬는 에베소
지진이 일어나 자취만 남았다는 게 심상찮다

고양이에 대한 기억에는 무서운 것만 있으나
이 고양이에게서는 그런 선입견이 없다

터키에서 고양이를 보는 일은 드문 일이 아니다

그렇다고 이 고양이에게 기독교의 오랜 숨결 위에
네 개, 세 개, 여섯 개 기둥의 모스크가
터키에 왜 자꾸 생기느냐고 물어볼 수도 없다
그는 한국보다 빠른 봄 햇살을 쬐는
밀뚤레*란 말이 어울리는 고양이에 불과하므로
야심한 시각에 여행객들이 그를 보기는 어려우므로
노아의 방주가 있었다는 아라랏산이나
티그리스, 유프라테스강이 흐르던 에덴 동산의 기억도
고양이는 기억하지 못했다

그때의 일을 기억하지 못하는 몇 마리의 고양이를 본 후
가파도기아, 이고니아, 에베소로 향하던 바울의 노정
사뭇 젖었겠다
터키를 여행하다 보면 숨어서 기도하던 기독교인들의
숨소리가 들리고
그때마다 나의 발길은 굼뜨기 일쑤였다
자칭 불교도들은 핫산이라는 설산雪山을 바라보며 말
이 없었다

민들레가 꽃대를 올려 노란꽃을 피우는 대평원
고양이가 여행객들 사이를 비집고 들어온다
에베소의 석양이 고양이의 둥근 눈 속에 찰칵, 찍힌다

* 길이 들어 윤이 나거나 살져서 윤택한 물건을 비유적으로 이르는 말.

알류산 열도의 봄*

겨울잠에 에너지 다 소진한 헛헛한 봄날
무슨 구멍수라도 생겼을까요 불곰들 해변 가로 내려
옵니다
초연하게 그냥 바라보고만 있는
곰들의 적막한 새끼낮**입니다
범고래가 떼를 지어 바다에서
싱싱하고 탄력 있는 몸으로 곤두박질치며
생을 구가하고 있는 정오인데요
저 아름다운 동작이
무서운 일을 숨기기 위한 눈비음 혹은
꿍꿍이속은 아닌지 두려워지는 한낮인데요

역시나 다른 고래의 새끼를 포획 중이었습니다
우선 혓바닥 등 부드러운 부분을 먹고
나머지는 바다 깊은 곳에 저장한다나요
말이 저장이지
심한 물살에 그만 물 위로 떠오르고 맙니다

순간 불곰들의 눈에 불꽃이 튀는 동시
격렬한 몸싸움이 시작됩니다
이긴 놈이 의기양양하게 내려와 포식을 하고
자리를 뜨자 침 삼키고 있던 나머지 곰들이 내려옵니다

한뭎 끼는 여우와 달리 쫓겨나던 늑대의
속이 구쁜*** 알류산 열도
수긋해진 해안으로 기어 나온 킹크랩
여린 봄볕에 등딱지를 말리는 오후입니다

* KBS TV, 〈동물의 왕국〉 참조.
** 정오가 채 되지 아니한 낮.
*** 배 속이 허전하여 자꾸 먹고 싶다.

낙동강

낙양洛陽*의 동쪽으로 흐르는 낙동강
이 강의 산점産漸을 나는 보고야 만 것이다
옛 선비들의 과젓길
소원성취탑을 지나 풀이 우거진 문경새재 초점草岾에서 였다
대지의 품에서 젖을 빨며 가늘게 흐르던
어린 내[川]는 안동, 상주, 함창 쪽으로 기지개를 펴고 있었다
오직 평화만을 사랑하는 사람들과 같이
이 물굽이는 좀 더 강렬한 열정에 살고 싶었으리라
사람의 역사를 그러나 강도 피할 수 없는 법
아랫녘을 풍요로 적셔가던 이 강으로 역사의 소용돌이가 거세게 지나갔다
쫓고 쫓기는 전쟁의 소용돌이에서 낙동강 수위 높아진 것을
윤슬**이 온통 눈물이라는 걸
먼 훗날 나의 어섯눈도 알게 되었으니
흰옷 입은 사람들의 간구에 물마루 높게 흔들렸던

늘그막 드레진 여인 같은 낙동강

밑도 끝도 없는 미움과 야욕의 물살 잠재우며 흐른다

그러나 밤마다 감기지 못하는 몇 개의 눈살을 나는 보았다

아랫녘 속살을 살찌우며 구름과 산 그림자가 들어와 사는 물낯

우리의 굳짜배기***

낙동강의 흐름 내일도 도도滔滔하다

* 상주尙州의 옛 이름.

** 햇빛이나 달빛에 비치어 반짝이는 잔물결.

*** 누가 가지게 될 것인지가 정해져 있는 물건.

새떼를 쫓다 · 1

일 년에 몇 차례
가지각색 풍경이 와서 읽히는 우리 집 거실
가만히 보면 안산에 흰눈이 오는 때를 가장 좋아하는 눈치다
그렇게 환한 웃음과 잇바디를 본 건 처음이다
혹시 육각형의 꽃들이 스스로를 새인 줄 알고
처음 비친 우리 거실을 어미라고 각인한 건 아닌지 모르겠다
그런데 우리집 거실은 그런 데는 관심이 없다
시집 못 간 노처녀같이 골을 내고 살더니 오늘은
얼굴에 제법 홍조도 띄우며
새신부라도 된 양 하얀 너울을 둘러쓰고
종일 그러고 앉아있다
꽃샘바람 부는 동안은 얼굴이 거칠게 긁혀있었다
제도루묵이가 되지 않았으면 좋겠다고 생각하는 날
산벚꽃이 피자
하루 종일 너울을 찾느라 또 다시 뒤스럭을 피운다
조금 있다가 피는 아카시꽃은

사랑이 없어 붉어진 그녀의 다목다리를 덮을 것이다
그녀는 아마도 산벚꽃이나 아카시꽃을
흰눈으로 오인하고는 하는 모양인데
백마 탄 왕자쯤으로 아는 모양인데
나는 그것을 나무랄 수가 없다
그녀는 나무로 만든 거울이 아니니까

봄동*

쩍 벌어져 속이 다 드러난 봄동
요즘 이어지는 한파가 아닌 나는 그를 나무라지 못하겠다

곁쪽까지 동원된 바람은 너무 차가웠고
겨울 해는 그 빛을 잃었으며
농부는 제 새끼를 절벽 아래로 떨어뜨리는 사자처럼
봄동을 한데에 내버려두었기 때문
이미 가을배추를 거둬들인 그에게 봄동이란
호락**은 아니라도 허드재비***였을 것
아니 방관이란 말이 더 어울리겠다
그냥 내버려두고 바라보는 시선 같은
의붓어미 밑에서 얻어먹는 아이 같은
속살이 들지 못한 것도 그 때문
슬픔엔 몸이 붇는다지
꽝꽝 얼어 몸이 분 슬픈 겨울밭에서
잎이란 잎 죄다 벌려 한 줄기 햇살이라도 움켜쥐려 했으므로

멀리서 보면 땅 위를 기어가는
추위를 피하려는 한 마리 게 같이 보인 것도
봄동 탓은 아니다
노란 고갱이가 깔기어 놓은 노란 알 같이 보이는 것도
봄동 탓은 아니다
슬픔의 또 다른 이름이다
봄동은

* 노지露地에서 겨울을 보내어, 속이 들지 못한 배추. 잎이 옆으로 퍼진 모양이며, 달고 씹히는 맛이 있다.
** 진실되지 아니하고 장난으로 하는 짓.
*** 허드레로 쓰는 물건이나 허드레로 하는 일.

눈부처

당신의 눈동자 속에 아지랑이가 보였어요
곧 봄이 온다는 걸 알았지요
당신의 눈동자 속이 아주 화안했어요
곧 꽃이 핀다는 걸 알았지요
당신의 눈을 통해서 세상을 보기로 했는데
그런데, 어느 날인가는
당신의 눈동자 속에 눈물이 맺혀 있던 걸요
나는 얼른 눈물을 닦았어요
이젠 안 울겠어요
누군가 울면 세상 모든 이들이
다 운다는 걸 오늘 알았어요

(2010년 제2회 천강문학상 시 부문 우수상 수상)

달빛을 읽다

부부싸움 뒤 베개 들고 건너방으로 들어가 거칠게 문 닫는 아내 같은 달빛 읽을 수 있겠다

대나무밭에서 날카로운 댓잎에 찔리기도 했겠다 빨래 걷힌 바지랑대 위에서 줄타기하다가 떨어지기도 했겠다 짚신 감발하고 행상에 나선 청상의 눈물을 푸르게 비춰주기도 했겠다 남편의 행방을 찾아 나선 젊은 아내, 귀때기 푸른 그녀를 바라보며 은장도를 수 십 번 만지작거리기도 했겠다 태양과의 동행이 거부되어 눈 밑 다크써클이 밤마다 깊어가는 달빛은

그리하여 달빛이여 이제는 읽을 수 있겠다

무슨 까닭으로 검푸른 바다와 강의 물낯 위에서 소발자국에 고인 빗물같이 환했는지

칼을 꺼내 푸른 서릿발 슥슥 갈아 주점에서 나오는 노틀 영감 발길 아래 쏟아부었는지, 태양빛 장미 위에 내려얼게 했는지, 봉놋방에 잠든 사람들 머리맡 화투짝을 밟아대었는지 긴 스란치마 자락으로 하얀 보리밭을 끌고 어둠 속으로 바삐 걸어가는지

이제 읽을 수 있겠다

아틀란타의 자귀나무

그대 그리워 자귀나무를 바라본 건 아니다
잎새가 짝수이고
짝을 이뤄 잔다 해서 붙은 이름 자귀나무
여름 한철을 환하게 장식한다
밤새 포개고 잔 사랑의 화음에
잠이 깬 어린 털북숭이들 수줍게 날개를 펴는
여름마다 찾아오는 삼색의 환희
꽃 무지개가 나무마다 금줄처럼 내걸린다
밤새 창가에 귀 기울이고 앉아
사랑이 직조되는 푸른 베틀 소리를 듣는다
움 트면 늦서리 걱정 없이 곡식을 파종하고
첫 꽃이 피면 팥을 뿌리고
잎은 녹비로 쓰인다는 자귀나무*
미국도 한국도 세계 모든 나라도
합환목合歡木**, 이 자귀나무 나라의 속국이면 좋겠다
키 작은 안산 기원정사의 자귀나무 사라지니

키 큰 아틀란타의 자귀나무 숲이 눈앞을 막는다
그대가 그립지 않다고 말할 수도 없는 날이었다

* 인터넷 인용.
** 자귀나무는 부부금실을 좋게 한다 하여 합환목이라 불린다.

가을 무밭에서

오늘은 무를 솎아주어야 하는 날
툇마루 검게 적시던 가을햇살 등에 지고
무밭에 서네

길속도 모르고 농삿일에 덤벼
물집만 잡힌 애먼 손으로
곱슬곱슬한 머리오리 같은 어린 무잎을 뽑아내네

무씨를 뿌리고는 범죄자처럼
자꾸만 와서 들여다보던 밭
나의 아기집이 흙에 자꾸 당기네

무거운 땅을 머리로 박차고 나와
무싹을 틔우고 무를 키우는 밭에만 오면
사람 밖에 낳지 못한 내가 자꾸 들썽거리네
이런 밭하고는 한집에서 살 수도 있을 것 같네

가까운 젖소 축사에서 쇠꼬리 긴털이 쇠파리를 날리고

대형 선풍기도 늦가을 한가를 즐기는 때
배냇머리 같은 무순 위로 소소리바람 물결처럼 지나가네
너무 배서 솎아내는 것들이
이 땅에 메아리칠 고고성이기를 소망하며
조금 큰 놈에게 나의 손을 뻗는다
볕 좋은 봄엔 큰 놈을 뽑아도 되지만
가을엔 무를 안아야* 하니 작은 놈을 뽑으라고
동네 아주머니가 내게 한 수 가르치네
무로 향하던 손등 위로 땅거미가 붉게 내려앉네

* 감자, 고구마, 땅콩 같은 식물의 땅줄기나 뿌리에 덩이줄기나 열매가 들거나 생기다.

멸치는 언제 똥을 누는가

멸치를 다듬는다
중멸은 대가리 떼고 똥 발라내고
세멸은 그냥 티끌이나 걷어내고

턱 밑에 똥자루를 꿟어졌다
그물에 걸려들었다는 건 사고사事故死
배내똥 배설하기도 전에 죽임을 당한 것

뼈대 있는 생선이라는
사탕발림 뒤의
똥째 똥 채 먹는 정복의 씁쓸한 맛

제 명대로 살았더라면 몸무게 가벼웠을
멸치가 이렇게 제 대변을 차고 다닌다 해서
바다가 깨끗해질 거라는 생각은 버려야 한다
바다에는 자연사하는 물고기가 많다

버리지 못한 고집

지난날에 대한 회한 등

사람들에게도 그런 똥이 있다

베개와 예수

방바닥에 요, 이불을 깔고 자기 수십 년
여행가서 찾던 온돌방이라도 종지부 찍는 일은 생기는 법
관절염은 굴신屈伸을 힘들게 한다

가난한 어머니에게 체육복 사달라고 조르면
"승호아버지, 민호가 체육복인가 뭔가 사 달라구 노상 노래를 불러쌓유"
하시던 어머니처럼
침대가 있어야겠다고 장마에 없는 매미 소리를 여름처럼 불러댔다

반복, 후렴구가 있는 노래의 힘은 위대하다
안 사주면 후회할 거라고 생각했을까
귀에 박힌 못을 빼낸 아버지는 커다란 장도리를 든 남편이었다

높고 낯선 잠자리에 익숙해지기 위해선

몇 개의 푸른 멍을 몸은 가져야 할 듯한데

남편은 베개 두 개를 사용하기 시작하였다
침대 가에 놓인 하나가 가끔씩 쿵- 하고 떨어졌다
베개는 그렇게 남편 대신 아프다

누군가가 생각났다

짐볼에 대하여

그는 모나지 않다
눈에 보이는 발은 없지만 그는 사실 몸 전체가 발
그 발로 어디든 굴러가는 것이다

승리와 환호성에 울고 웃는 다른 공과 달리
사람을 부드럽게 받아주는 임무를 가졌다
올라앉는 사람의 무게에 따라 제 몸을 얼마나 쭈그려야 하는지 안다
짜발량이가 되었다가도 제도루묵이가 되는 탄력이다

저울도 연상되지만
빨래를 널면 늘어지는 빨랫줄이 더 비슷하겠다
밤에나 그림자를 뉘고 쉬던
휜 허리를 받쳐주던 빨랫장대를 본 적 있다

젊은남자의 품에나 안긴 듯 숫스러워하며
나이 든 여자가 짐볼 위에서 운동하고 있다
가녈가녈한 여자의 몸쯤으로 아는 남자도 어딘가엔

있겠다

짐볼이 쭈그러질까 걱정하는 여자와
늘 원형을 회복하고 싶은 눈물겨움의 짐볼

췻것*이라고는 한사코 부를 수 없는
여자와 짐볼

그 둘
사이
모나지 않다

* 명색이 그런 사람이나 물건을 낮잡아 이르는 말. 양반 췻것.

제야에

번갯불에 때론 구름이 밝아지기도 해야 하는 법
이럴 때 태양은 어디 있는지 알 수 없어도
제석除夕의 아쉬움을 불쏘시개로
누군가는 활활 내일의 아궁이에 장작불을 지핀다

낙엽은 삭막한 나뭇가지를 지나고 바람이 쓸고 간 하늘은
어머니의 비녀 같은 옥색으로 물들고
오늘이 지나면 오늘만큼 저물어도 두려워하지 말 것은
아이들은 풋보리처럼 자라고
때 전 땅 위로 흰눈은 내리기 때문이다

오늘 위로 또 내일이 겹치고 우리 그렇게 쌓여가더라도
오래된 곁의 사람 미치도록 사랑하라고
지나간 날들에 물 주지 말라고 저 종 울리는 것이다

사위 자꾸 어두워가도 까치가 달무리 비구름을 차고 날면

달이 얼굴을 내밀고
백지에 여든 한 송이의 매화에 붉은 물을 치며
가슴 더운 이들은 춥*을 이겨 내는 것이다

추위를 떨치고 나온 납매臘梅는 묵은해를 디뎌 새해로
가고
뜬불 같은 이 땅의 농부는
낙종落種머리에 씨 뿌릴 희망으로 곱다시 온밤을 들썽
거린다

마지막 종소리의 여운 적막 속으로 스러지면
툭
어둠이 끊어지고
여명의 긴 스란치마 자락을 끌고
첫날의 태양 힘차게 높드리에서 튀어 오른다

고빗사위마다 없는 힘까지 모으는 팔풍받이
우리의

우리의 대한민국 2015년은
일마다 원만하라고
둥그렇게
그렇게

* 겨울의 충청도 방언.

이모의 폐경

오늘 자동차보험 사인 받으러 조카 미영이가 왔다
수박을 먹으며 얘기를 나누는 중
조카의 눈 밑 다크써클이 눈에 들어온다
내 시선을 의식했던가
생리통이 심하다며 어서 끝났으면 좋겠다고 웃는다
그래 몇 살이냐고 했더니 마흔 아홉이라며
몇 살에 생리가 끊어졌느냐고 되묻는다 내가 쉰 몇 살 때였다고 했더니 자기도 그럴 거란다
놀라서 쳐다보았더니 대개 엄마를 닮는데 엄마가 안 계시니 이모를 닮는 거라나
순간 정수리를 세게 얻어맞은 듯 했다
조카에게 그런 존재였던 걸 모르고 살아왔다고
죽은 언니*가 한 대 친 거다 이건
아니다
내 양심의 나에 대한 한방망이**다 이건

* 스물아홉에 언니는 세 남매를 두고 하늘나라로 갔는데 미영이는 당시 일곱 살이었다.

** 한 번 크게 때리는 매나 모진 꾸지람을 비유적으로 이르는 말.

내 가슴은

덩굴에 열린 호박 같았지
젊은 날 내 젖가슴은

그 걸 감싸느라 브래지어 올은 낡아가고 등은 구부정해졌어
말하자면 나는 몸속에 기중기를 하나 갖고 다닌 셈이지

젖은 생활하고는 달랐어
두레박째 퍼마시는 우물물처럼
벌물 켜듯 목을 넘어가서
아이들은 사뭇 투레질하고 들구* 재채기해대었지
이마에 송글송글 땀 솟았다니까

두 개의 젖무덤에 눌려 아이들 코는 막히고
젖은 흘러내려도 입은 옷엔 풀이 섰지
남아돌아 굴뚝에 쏟아버린 젖 먹고
굴뚝새는 힘차게 날아올랐지

젖이 크면 머리가 나쁘다고들 하지만
그 젖 먹고 자란 아들은 고마운 며느리의 남편이고
두 딸은 산山도둑같은 남자들의 아내이지
산山도둑같은 사위를 키워낸 사돈댁의 가슴도 그랬을 거야

찬란했던 것들은 다 탱탱했던 지난날을 꿈꾸지
신라, 백제도 좋지만
바라건대는 국강상광개토경평안호태왕國岡上廣開土境平安好太王**때 같으면 좋겠어
날도둑이 노리는 고구려
우리의 가슴은

* 자꾸의 방언.
** 광개토대왕의 완전한 묘호廟號.

눈을 감을 때

내가 눈을 감을 때
당신도 눈을 감나요
정녕 당신도 눈을 감을 거라고
나는 눈을 감습니다

그러나 내가 눈을 감을 때
당신은 눈을 뜨고 있었어요
그러기에 내가 운 것을 아는 거예요

당신이 눈을 감을 때
나도 눈을 뜨겠습니다
눈을 뜨고 당신이 우는지 보겠습니다

어린아이일 걸 그랬습니다
얼굴을 가리면 숨었다고 생각하는
차라리 어린아이일 걸 그랬습니다

내 눈물의 눈물이여
당신의 눈물 내 눈물로 푸르도록 말리겠습니다

드문 당신

사귄 적도 없는 한 남자
그 남자와 이별을 하였지요
먼저 차에 오르는
당신은 나를 바라보았지요
차가 움직이고 그리고 당신은 걸어갔습니다
그날 버스 차창에는 당신의 모습만 있었습니다
그날부터 버스에는 늘 당신이 살았지요
내가 올라타면 바라보고 웃던 당신
버스가 움직이면 왜 당신은 홀로 걸어가는지
당신과 비슷한 사람은 많았지만
당신은 드물었습니다

가을 산 어스름

개쑥부쟁이 우부룩한 꽃 덤불
올서리[早霜] 내린 듯 골짜기마다 하얗고

가으내 봄내 키를 키운 잔솔푸데기
갓 솟은 햇귀 아래 섶이슬 말리며
민흘림기둥의 한옥 한 채 짓고 있다

어느새 오갈 들어 떨어진 솔잎으로
왕소나무는 발등마다
봉긋하게 살이 오르고

시간의 물레 돌리다
제 먼저 눈시울 붉어진 단풍
꽃상여에 앉아
돌서더릿길을 흔들리며 내려간다

우련히 붉은 꽃신 한 켤레
단풍에게 건네고

저녁 햇살 비스듬한 사휘斜暉의 등성이에서
돌아서는 마중

사람인 나는 인가人家로 저물고
산은 가을 산으로 저물어 간다

먼데서 별들이 등불을 켜 든다

아파트단지 내 상가

단지 내 마트가 문을 닫았다
셔터엔 얼음 같은 적막이 드리워 있고
'채권단 조직 운운' 하는 공고문이 바람에 흔들린다

물건도 많지 않고 비싸다고
팔다 남은 건 싸게 파는 법도 모른다고
뒤에서 수군수군 했었는데

이제 멀리로 물건을 사러가야 하는 사람들은
그제야 눈송이 같은 아쉬움을 드러내었다
조금이라도 싼 걸 산다고 포터를 끌고
돌아다닐 즈음에 날아온 소식이어서
가슴으로 눈보라는 더 거세게 몰아쳤다

온 집안 식구가 다 나서서 장사하던 모습이 어른거렸다
그렇게 십 년 넘게 일했으면
빌딩은 못 살망정 빚이나 없어야 하는데
덕분에 바로 아래 대형마트는 날마다 붐볐다

소형 마트의 파산은 대형 마트의 매출증가에 한몫할 뿐이었다

두유 파는 사내가 털털거리고 왔다가
잠긴 셔터를 바람처럼 흔들다 간다
동네 사람들은 고개를 흔들며 문 열기는 그른 것 같다고
아파트값이 내려가겠다고
누구에겐지 모를 불길한 말만 되뇌었다
하학 길의 아이들 몇이 참새처럼 날아왔다가
푸둥지 같은 어깻죽지 내리고 마구 뛰어 간다

소식 모르는 트럭 하나가
말뚝 박힌 문 앞을 서성거린다

◦ 이기호의 시세계

감성 전통 계승과 새로운 인식

유한근

(문학평론가 · 디지털서울문화예술대 교수)

1. 원체험 공간인 고향의 시적 변용

칸트는 인간의 상상력 단계를 3단계로 말한다. 그 단계는 재생적 상상력, 생산적 상상력, 그리고 미학적 상상력이다. 이 세 단계의 상상력을 통해 시인은 시적 이미지를 만들며, 표현하고자 하는 생각과 느낌을 전달한다. 그 첫 단계는 재생적 상상력으로, 시인이 과거에 체험한 것을 끌어내는 단계이다. 이 단계에서 시인은 원체험 공간의 모든 것들을 동원한다. 시인의 원체험 공간은 고향이다. 고향의 모든 것이다. 고향의 자연, 가족, 친구 등 그 모든 것들이다. 그것을 시인은 시적으로 변용시켜 한 편, 한 편의 시를 쓰게 된다. 이기호 시인은 그의 시의 표현

구조에서 칸트의 재생적 상상력과 코올리지의 공상에 큰 비중을 준다. 특히 고향의 자연 그리고 그 속에서 같이 살았던 사람들에 대한 애정이나 연민의 힘으로 상상력을 확대시켜나간다.

모시등걸에 찬바람이 일면 수수알도 붉어갔다
텅 빈 들녘은 눈이 해맑고 빈 볏단들은 막사처럼 서 있었다
논두렁 진흙 속에선 우렁이들이 둥싯거렸다

상지냇가의 소금쟁이 긴 다리 밑으로 새털구름이 빠져나갈 때
오포소리에 고무신 뒤축이 자꾸 벗겨지고
점심광주리를 머리에 인 어머니와 물주전자 든 나의 그림자가
삽다리를 따라 빠르게 흘렀다

새참이 나간 부엌은 매캐한 연기에 휩싸였다
양재기에 굴 무나물을 볶던 아궁이는
잔뜩 쓸어 넣은 왕겨에 속이 더부룩해졌다
장죽에 불붙이려던 할아버지는 눈이 내어 그대로 돌아 나오고
몽당수수비와 부지깽이도 모처럼 화상火傷의 몸을 쉬고 있겠다

들녘에 어둠이 오면 홀연 귀뚜리의 노래 들리고
먼 하늘에서는 별들의 점등이 시작되었다

용수 안으로 밥알이 동동 뜨는 마을에서는 술처럼 시간이
익어
너른 들녘의 해는 일찍 져서 어머니는 우렁이와 양재기를
앞세우고 아버지별을 찾아 은하로 떠났다

문득 낯설어지는 풀벌레소리에 창가로 다가가는 마음
오래 묵은 가을밤이 가라앉는다
내 별이 다 보인다

— 〈내일은 맑음〉 전문

시 〈내일은 맑음〉은 2010년 동양일보에서 공모한 제16회 지용신인문학상의 수상작이다. 이 작품을 시작으로 이기호는 시인으로서의 삶을 시작한다. 고향에 대한 그리움으로부터 시인으로서의 삶을 다시 시작하는 셈이다. 고향의 '모시등걸' '수수알' '텅 빈 들녘' '빈 볏단' '논두렁 진흙 속 우렁이' '상지냇가의 소금쟁이' '새털구름' '오포소리' '고무신 뒤축' '점심광주리를 머리에 인 어머니와 물주전자' '삽다리' '양재기에 굴 무나물을 볶던 아궁이' '장죽에 불붙이려던 할아버지' '몽당수수비와 부지깽이' '귀뚜리의 노래' 등 고향의 자연물과 가족들에 대한 재생적 상상력으로 고향에 대한 향수와 연민을 생산적 상상력으로 끌어올려, 어떤 시보다도 아름답게 유기적으로 형상화한다. "용수 안으로 밥알이 동동 뜨는 마을에서는 술처럼 시간이 익어/너른 들녘의 해는 일찍 져서 어머니는 우

렁이와 양재기를/앞세우고 아버지별을 찾아 은하로 떠났다"는 이미지로 미학적 상상력을 이미지화시킨다. 또한 끝 연에서는 시인의 마음을 "문득 낯설어지는 풀벌레소리에 창가로 다가가"고, "오래 묵은 가을밤이 가라앉"으면 "내 별이 다 보인다"고 미학적 표현 구조로 끝맺는다.

나는 이기호 시인의 시 〈내일은 맑음〉을 칸트의 상상력의 3단계로 설명하고 있지만, 그의 이 시는 기존의 어떤 시인에게서 볼 수 없는 감각적 표현과 유기적 구조를 찾아볼 수 있어 오히려 나의 이러한 해설이 췌언贅言처럼 느껴진다.

오래된 말[言語]들의 풍경 속으로 돌아가고 싶다

하늘과 구름이 떠서 흐르던 상지냇가 구 장터냇가
흐르다가 쌓인 자갈돌이 물낮 바닥에 거북등을 만들고
전설처럼 물빛 목새들이 달빛같이 환하던 곳

오래된 말들이 살던 집 우물가에는
두세두세 올케와 어머니의 말이 지금은 누렁우물을 지키는
나는 이제라도 다시 오래된 말들의 풍경 속에 섞이고 싶다
"땅은 뿌린 대로 거둔다고, 어리석음은 쉽게 옮겨지지 않는다[下愚不移]"던
우리 아버지 고故 이, 종 자, 섭 자와
"애덜 아버지, 애덜이 사친회비 달라구 아주 노래를 해쌓유" 하던 용해빠진

우리 어머니 고故, 이, 상 자, 준 자의 풍경

공책 사라고 준 돈으로 입치레 하고서 아버지께
떠대지 못한 지난날
깊은 밤 두레박과 바지랑대가 나그네처럼 쉬고
저녁 먹으라고 아이들 불러대던 해질녘 정다운 목소리 속에서
불나방에 둘러싸여 늦은 저녁을 먹던 곳

횃대 밑 삼십 촉 백열등이 윗목을 비추고
허천난 마른 봄판은 칡뿌리를 캐고 광목 치마에 흙물 짓이겨 붙이며
땅거미 이슥하도록 냉이를 캐었지

맨드라미가 제 대가리로 척척 어둠을 잘라
적막 속으로 초가집을 끌고 가던
오래된 말들의 풍경
그 속으로 들어가 다시 옛날을 살고 싶다

— 시 〈오래된 말[言語]들의 풍경〉 전문

시 〈오래된 말[言語]들의 풍경〉의 키워드는 '오래된 말'이다. 이기호 시인은 '오래된 말'을 '풍경'이라 한다. '말'을 '풍경'과 등가치로 인식한 시인을 일찍이 본 적이 없다. 그것도 '오래된 말'에 대한 인식을 이미지로 환치시킨 시인으로 유일하다. '그 오래된 말' 속에는 시인의 그리운

고향과 고향 사람들이 함유되어 있다. “하늘과 구름이 떠서 흐르던 상지냇가 구 장터냇가” “흐르다가 쌓인” 고향의 자갈돌, “전설처럼 물빛 목새들이 달빛같이 환하던 곳”은 고향이다. 그 고향의 “오래된 말들이 살던 집 우물가에는/두세두세 올케와 어머니의 말이 지금은 누렁우물을 지키는/나는 이제라도 다시 오래된 말들의 풍경 속에 섞이고 싶다”는 토로가 그것이다. 아버지의 말씀, 어머니의 모든 모습을 시인은 풍경으로 아직도 기억하고 있다. 그리고 “그 속으로 들어가 다시 옛날을 살고 싶다”도 노래한다. 그 풍경들을 시인은 감각적으로 표현하고 있다. “허천난 마른 봄판은 칡뿌리를 캐고 광목 치마에 흙물 짓이겨 붙이며/땅거미 이슥하도록 냉이를 캐었”고 “맨드라미가 제 대가리로 척척 어둠을 잘라/적막 속으로 초가집을 끌고 가던” 고향의 풍경이 그것이다.

언어는 진실의 왜곡시키거나 굴절시킨다. 이러한 언어의 속성을 시인은 그림으로, 이미지로 환치시켜 그 진실을 기억하려 한다. 그리고 그 속으로 들어가 그곳에 살고 싶어 한다. 그 속이 시인에게는 낙원이고 이상향이기 때문이다. 오래된 풍경이고 오래된 말이지만 시인은 지금도 생생하게 기억하고 형상화시킨다. 이 시의 풍경들은 시골에서 살았던 사람들의 그리움을 상기하는데 조금도 부족함이 없다. 시인에게는 그런 풍경과 집이 ‘은하수의 집’이기 때문이다.

2. 토속어의 시어로의 변용

시 〈은하수의 집〉은 시인의 유년시절의 집을 표상하는 집이다. 이 시에서는 시인이 어린 시절 썼던 사투리들이 정겹게 나온다. 사부곡인 시 〈가을의 이명〉에서도 탐색될 수 있다. 이 또한 오래된 말 중 하나일 것이다.

> 신작로 양쪽 가생이로 도랑이 있고 도랑 위 두껍다리를 건너 나명들명 하였으므로 나는 우리 집을 은하수의 집이라 불렀다 칠석의 눈물 모르던 어리던 날
> 별무리 지붕 위에서 빛나 스무나믄 식구는 푸른 별을 쬐며 살았다 추녀 끝으로 지
> 랑빛 빗물이 떨어지는 집에서 아침별에 주름진 얼굴을 쬐며 살았다
> 반공일 날 아침 황바리 게장하고 아침밥을 먹은 형제들이 나팔꽃이 핀 돼지우릿간
> 을 지나 학교로 가고 흙벽에 매달린 시래기는 바람 따라 펄럭였다
> 정오의 오포소리가 꽁보리밥으로 허기를 때우고
> 노루 꼬리만 한 겨울해가 서산으로 기울 때
> 함실장이 깔린 안방의 시래깃국 냄새는 바라지창을 넘어
> 다,다,이,즘으로 밤하늘로 퍼져나갔다
> 아버지는 산내끼를 꼬고
> 십리사탕을 입에 문 우리들은 백열등 밑에 엎드려 깍두기 공책을 채워나갔다

엄마는 솔기 터진 목내의를 비기고
언니는 수틀을 끼운 옥스퍼드천에 불란사실로 수를 놓던 밤
창호지 문풍지는 북풍이 무섭다고 밤새 울었다
목에 수건을 두른 장꾼들의 소달구지가 행렬을 이루어 결성통을 지나 장터로 가던
닷새장날
신작로 따라 소의 발굽소리 왼종일 흐르더니
사람들은 황혼빛을 띠고 짚에 엮인 말린 박대를 들고 돌아왔다
하루 일을 마친 앞마당 바지랑대가 곧추 서는 저물녘
까마귀가 오서산烏棲山 다복솔 위에 어둠을 쏟아내
우리는 별빛 덮고 잠이 들었는데
사람들이 하나둘 은하銀河로 떠나면서 은하수의 집도 노을을 등지고 떠나갔다

— 시 〈은하수의 집〉 전문

위의 시에서 '가생이'는 가장자리의 충청도 사투리다. '지랑'은 간장의 광천 사투리, '함실장'은 함실아궁이 위에 놓는, 넓고 두꺼운 구들장을 말하며, '산내끼'는 새끼의 사투리. '깍두기공책'은 가로와 세로로 금을 그어 글씨를 한 칸에 한 글자씩 쓰도록 되어 있는 공책을 의미한다. 그리고 '비기고'는 뚫어진 구멍에 다른 조각을 붙이어 때우는 것을 의미한다. 이렇게 지방 사투리는 그 속의 정취와 사연, 그리고 그 시대의 풍경을 함유하고 있다.

시인이 시에 쓰는 시어는 그것이 사투리이든 아니든

시인의 내면세계를 표상한다. 시인의 자아와 도덕적인 인격과 윤리적 행위를 표출하게 되고, 감정적인 기호이기 때문에 시인의 색깔과 냄새, 그리고 내면의 모습이 들어 있다. 따라서 이 시를 읽으면 이기호 시인이 얼마나 고향을 사랑하는가를 알게 된다. 그리고 그 그리움의 깊이를 알게 된다.

위의 시 〈은하수의 집〉은 이야기 시이다. 행간 속에 시인의 유년시절의 이야기가 독자의 상상력을 자극한다. 그리고 산문으로 썼지만 수필로 전락하지 않는 것은 시적 표현구조와 감각적인 형상화 때문이며, 사물에 대한 표상성 때문이다. 또 다른 시 〈아지랑이에 떠밀려 집을 나선다〉에서도 이러한 감각적인 표현을 쉽게 찾을 수 있다. "고삐 풀린 물김치 보시기 앞에서 도리깨침이나 퍼올리던/어머니의 졸린 숟가락같이/무서운 봄볕에 조숙조숙 마르는 돌나물/물이 닿자마자 시퍼렇게 살아난다//참 더럽게도 싱싱하다"는 표현이 그러하다.

특히 시 제목 '은하수의 집'은 시인이 유년시절에 살았던 집을 표상하는 집이다. 이 시의 서두 부분이 그것이다. "신작로 양쪽 가생이로 도랑이 있고 도랑 위 두껍다리를 건너 나명들명 하였으므로 나는 우리 집을 은하수의 집이라 불렀다 칠석의 눈물 모르던 어리던 날/별무리 지붕 위에서 빛나 스무나믄 식구는 푸른 별을 쬐며 살았다 추녀 끝으로 지랑빛 빗물이 떨어지는 집에서 아침별에 주름진 얼굴을 쬐며 살았"던 집을 '은하수의 집'으로 비유하고 있는 것이다. 시인은 어린 시절부터 시인이었던 것을 보인다. 그러나 시인은 이 시의 맨 끝 행 "사람들이 하나둘 은하銀河로 떠나면서 은하수의 집도 노을을 등지고 떠나갔다"는 표현을 통해 고향을 잃은 아쉬움과 그리움을 노을 속으로, 그리고 은하수 속으로 던져 놓는다.

다른 또 하나의 시 〈신사동 동백꽃〉은 원체험 공간의 체험이 녹아나온 시가 아닌 근자의 체험시이다.

> 예전 살던 신사동 집 마당에 동백나무 한 분盆 있었는데요
> 목화송이 같은 꽃봉오리가 비지밥같이 바글바글 매달렸었는데요
> 병중의 시어머니가 내다보시고는,
> "늬덜은 야중에 많이 볼 테니 내 방에 갖다 놓아라." 그러시더군요
> 그래 아마 꽃처럼 회복하시려나 보다 그렇게 생각하고 방안에
> 들여다 놓았지요
> 그런데 어느 날 시어머니는 꽃송이보다 앞장 서 가시고 말았습니다
> 동백꽃을 좋아하셔서 그렇게 꽃처럼 뚝뚝
> 가셨다고 밖에는 달리 생각할 수가 없었습니다
> 오늘 베란다에 동백이 화안히 벌었습니다
> 무슨 그리움이 이리도 붉은 해일로 밀려왔는지 모르겠습니다마는

거실로 들어갈 길마저 막힐 듯 합니다

— 시 〈신사동 동백꽃〉 전문

위의 시 〈신사동 동백꽃〉은 동백꽃으로 표상한 시어머니에 대한 사모곡이다. 이 또한 이야기시다. 미당 서정주의 선운사 동백꽃과 그의 시 톤(Tone)을 변용한 시이다. 선운사 동백꽃이 육자배기를 부르던 동첩 출신 아낙이라면, 신사동 동백꽃은 시인의 시어머니다.

이 시에서도 감각적이고 탁월한 표현구조가 돋보인다. 동백꽃 봉오리를 "목화송이 같은 꽃봉오리가 비지밥"같다는 표현, 베란다의 핀 동백꽃을 "무슨 그리움이 이리도 붉은 해일로 밀려왔는지 모르겠"다고 표현하고 있는 것이 그것이다. 서정주의 동백꽃이 '한恨'이었다면, 이기호의 동백꽃은 '그리움'이다. 이 시 한 편만 보아도 이기호 시인은 서정주의 제재전통과 주제전통을 계승하는 한국의 토속적인 서정시인이다.

3. 인간에 대한 이해와 사물에 대한 새로운 인식

나는 문학의 기본 정서는 인간에 대한 이해부터 시작된다고 말하곤 한다. 그리고 그 힘은 '연민'이라는 정서가 가능케 함도 말하곤 한다. 아리스토텔레스는 인간을 전율하게 하는 정서가 공포와 연민이라고 말했다. 여기에서 연민은 인간의 본체를 이해하려는 마음을 갖게 하는 정서이다.

다리를 서서히 굽히면서
1분 17초에 한 번씩 망치를 들고 내리면서
밤낮으로
허공을 내리치는 남자, 남자야

너는 왜 망치를 들었느냐
지칠 줄 모르고 고개를 드는 성性이냐
네가 사랑하는 가족을 위해서냐
아니면 이제는 중독의 경지에 이른 일이냐

무언가 하지 않으면 안 되는
현대인의 표상
망치질하는 남자가 가엾다
애초에 10년쯤 단명하게 태어난다는 남자
남편 · 아들 · 손자…그들이

어쩌면 그게 아닐는지도 모른다
벗어나고 싶은 일과 어깨를 짓누르는 가족과 성
그것들을 다 부숴뜨리고 싶어 그러는지도
모른다

모른다
열 길 물속은 알아도 한 길 사람 속을 모른다

그런데 아프다
저 남자의 망치에 내 가슴이 아프다

— 시 〈망치질하는 남자〉 전문

시 〈망치질 하는 남자〉에서 시인은 시 제목에 주석을 단다. '망치질하는 남자(Hammering man)'는 조나단 브로프스키의 작품이라는 것과 서울 광화문과 흥국생명빌딩 앞에 설치된 길이 22m, 철판두께 49㎝의 조각품이라는 것이 그것이다. 여기에서의 '망치'는 가족의 생계를 위해서 일하는 남자들의 노동, 노고를 의미한다. 이시에서 시인은 "무언가 하지 않으면 안 되는/현대인의 표상 /망치질하는 남자"가 가엽다고 말한다. 그리고 "내 가슴이 아프다"고도 토로한다. '가엽다'와 '가슴 아프다'는 연민의 속성이 포함되는 느낌이다. 이 느낌은 사람을 가까이 가게 하는 감성이다. 그래서 이해의 첩경이 되는 통로다.

그리고 이 시에서의 '남자'는 시에서 나타나지만 "남편 · 아들 · 손자"을 통칭하는 언어다. 그리고 시 〈허수아비〉에서 형상된 "몸이 막대기로만 된 사람", "그에게 지워진 짐은 몸을 쉼 없이 움직이는" 사람, "같은 옷과 모자를 쓰고 광대 같은 모습"의 사람, "굴욕은 입지 않은 아랫도리처럼 허전"한 사람, "바람의 잔고殘高 수북한 깡통의 사내", "필경 두 개의 막대기로 남을" 사람을 말하는 지도 모른다.

이에 반해 이기호 시인은 〈달빛을 읽다〉에서 아내를 달빛을 읽을 수 있는 사람으로 표현한다.

부부싸움 뒤 베개 들고 건너방으로 들어가 거칠게 문 닫는 아내 같은 달빛 읽을 수 있겠다

대나무밭에서 날카로운 댓잎에 찔리기도 했겠다 빨래 건힌 바지랑대 위에서 줄타기하다가 떨어지기도 했겠다 짚신 감발하고 행상에 나선 청상의 눈물을 푸르게 비춰주기도 했겠다 남편의 행방을 찾아 나선 젊은 아내, 귀때기 푸른 그녀를 바라보며 은장도를 수 십 번 만지작거리기도 했겠다 태양과의 동행이 거부되어 눈 밑 다크써클이 밤마다 깊어가는 달빛은

그리하여 달빛이여 이제는 읽을 수 있겠다

무슨 까닭으로 검푸른 바다와 강의 물낯 위에서 소발자국에 고인 빗물같이 환했는지

칼을 꺼내 푸른 서릿발 슥슥 갈아 주점에서 나오는 노틀 영감 발길 아래 쏟아부었는지, 태양빛 장미 위에 내려 얼게 했는지, 봉놋방에 잠든 사람들 머리맡 화투짝을 밟아대었는지 긴 스란치마 자락으로 하얀 보리밭을 끌고 어둠 속으로 바삐 걸어가는지

이제 읽을 수 있겠다

― 시 〈달빛을 읽다〉 전문

이 시에서는 시인은 아내를 "부부싸움 뒤 베개 들고 건너방으로 들어가 거칠게 문 닫는" 아내로, "대나무밭에서 날카로운 댓잎에 찔"린 아내로, "빨래 건힌 바지랑대 위

에서 줄타기하다가 떨어"진 아내로, "짚신 감발하고 행상에 나선 청상의 눈물을 푸르게 비춰주"는 아내로, "남편의 행방을 찾아 나선 젊은 아내"로, "귀때기 푸른 그녀를 바라보며 은장도를 수 십 번 만지작거리"는 아내로, "태양과의 동행이 거부되어 눈 밑 다크써클이 밤마다 깊어가는 달빛"으로 비유하고 연인으로 표현한다. 물론 이 시는 아내 혹은 여인을 인식하기 위한 시는 아니다. 이 시는 제목 〈달빛을 읽다〉가 의미하는 바, 달빛을 새롭게 인식하는 시이다. 하지만 이를 통해 우리는, 시인이 아내라는 존재와 여인을 어떻게 이해하고 인식하는가를 알 수 있다. 이렇듯 시인 이기호는 '달빛'을 통해 여자를 이해하고 있다.

흔히 남자를 태양으로 비유한다면, '달'은 여자를 표상하는 사물로 본다. 그러나 나는 이 시를 읽으면서 백제 가요인 〈정읍사井邑詞〉를 연상하게 되고 그것을 제재전통으로 계승하는 시 작품이지만, 그 제재를 창의적으로 새롭게 변용한 작품으로 본다. 〈정읍사〉의 달은 절대자를 의미한다. 그리고 '달빛'은 남편이 '진 데'에 빠지지 않도록 인도해주는 광명, 혹은 보살핌, 자비로움을 의미한다. 그러나 이 시 〈달빛을 읽다〉는 달빛의 표상인 여인을 통해서 "검푸른 바다와 강의 물낯 위에서 소발자국에 고인 빗물같이 환했는지, 칼을 꺼내 푸른 서릿발 슥슥 갈아 주점에서 나오는 노틀 영감 발길 아래 쏟아부었는지, 태양빛 장미 위에 내려 얼게 했는지, 봉놋방에 잠든 사람들 머리맡 화투짝을 밟아대었는지 긴 스란치마 자락으로 하얀 보리밭을 끌고 어둠 속으로 바삐 걸어가는지" 알게 되었다는 내용의 시이다. 이는 '달빛'에 대한 새로운 인식이다. 오히려 〈정읍사〉의 달이라는 제재를 계승하는 작품이지만, 그 인식의 깊이는 더 깊은 것으로 보인다. 〈멸치는 언제 똥을 누는가〉에서 보여주었던 '멸치똥'을 "버리지 못한 고집/지난날에 대한 회한"으로 새롭게 인식한 것도 이러한 시인의 통찰력 때문이다. 또 다른 시 〈베개와 예수〉에서도 이런 참신한 사물에 대한 인식을 접하게 된다.

> 방바닥에 요, 이불을 깔고 자기 수십 년
> 여행가서 찾던 온돌방이라도 종지부 찍는 일은 생기는 법
> 관절염은 굴신屈伸을 힘들게 한다
>
> 가난한 어머니에게 체육복 사달라고 조르면
> :"승호아버지, 민호가 체육복인가 뭔가 사 달라구 노상 노래를 불러쌓유"
> 하시던 어머니처럼
> 침대가 있어야겠다고 장마에 없는 매미 소리를 여름처럼 불러댔다
>
> 반복, 후렴구가 있는 노래의 힘은 위대하다

안 사주면 후회할 거라고 생각했을까
귀에 박힌 못을 빼낸 아버지는 커다란 장도리를 든 남편
이었다

높고 낯선 잠자리에 익숙해지기 위해선
몇 개의 푸른 멍을 몸은 가져야 할 듯한데

남편은 베개 두 개를 사용하기 시작하였다
침대 가에 놓인 하나가 가끔씩 쿵- 하고 떨어졌다
베개는 그렇게 남편 대신 아프다

누군가가 생각났다

— 시 〈베개와 예수〉 전문

시 〈베개와 예수〉는 베개-남편-예수로 인식하는 그 과정을 쓴 시이다. 이 시는 남편이라는 이름의 인간에 대한 이해의 시이며, 남편에 대한 존경과 사랑의 시이다. 체육복을 사달라, 침대를 사달라 등등 "장마에 없는 매미 소리를 여름처럼" 귀에 못이 박히도록 졸라대면, 그 못을 빼주는 아버지. 그 아버지는 남편이다. 여기에서 일단 시인은 남편을 아버지로 인식하고 있음을 엿볼 수 있다. 그런 남편은 "베개 두 개를 사용"한다. 하나는 침대 가에 놓고 하나는 베고 자는데, "침대 가에 놓인 하나가 가끔씩 쿵- 하고 떨어"진다. 그 때 시인은 "베개는 그렇게 남편

대신 아프다"라고 인식한다. 이 부분이 남편과 베개를 등가치로 보고 있는 부분이다. 그런데, 마지막 행에서 시인은 "누군가가 생각났다"고 토로한다. 그 '누군가'가 제목을 통해서 '예수'라는 존재임을 우리는 알게 된다. 시인은 이 시에서 그렇게 인식한다. 남편을 예수로 인식한다. 사랑의 표상적인 인간(?)으로 이해하고 있는 셈이다. 아낌없이 주는 사람, 사랑의 표상적인 사랑으로 남편이라는 인간을 이해하는 것이다.

나는 앞서 인간에 대한 이해는 연민, 사랑의 힘에 의해서 가능함을 말한 적이 있다. 그것을 이기호 시인은 새로운 인식을 통해서 감각적인 이미지로 형상화함도 말한 바 있다. 또한 원체험 공간의 것들을 재생적 상상력으로 끌어와 생산적, 미학적 상상력으로 승화시켜 쓰는 시인으로 그의 시를 설명했다. 그러나 이기호 시인은 늦깎이 시인이므로 그의 시세계를 이것으로 규정할 수는 없다. 더 지켜보아야 한다. 이 시인이 어떻게 어떤 모습으로 변모할 것인지는 좀 더 지켜본 뒤 명증하게 규정되어야 할 것이다.

이기호 시집
노년을 위하여

인쇄 2015년 1월 15일
발행 2015년 1월 19일

지은이 이기호
발행인 서정환
펴낸곳 인간과문학사
주소 서울시 종로구 삼일대로 32길 36(익선동 30-6 운현신화타워 빌딩) 305호
전화 (02) 3675-3885, (063) 275-4000
팩스 (063) 274-3131
이메일 human3885@naver.com inmun2013@hanmail.net
출판등록 제300-2013-10호
인쇄 · 제본 신아출판사

ISBN 979-11-5605-172-5 03810
값 9,000원

이 도서의 국립중앙도서관 출판예정도서목록(CIP)은 서지정보유통지원시스템 홈페이지(http://seoji.nl.go.kr)와 국가자료공동목록시스템(http://www.nl.go.kr/kolisnet)에서 이용하실 수 있습니다.(CIP제어번호: CIP2015000265)

Printed in KOREA